中小学幼儿园教师培训课程指导标准

义务教育数学学科教学

中华人民共和国教育部 制定

高等教育出版社·北京

图书在版编目（C I P）数据

中小学幼儿园教师培训课程指导标准：义务教育数学学科教学 / 中华人民共和国教育部制定. — 北京：高等教育出版社，2019.1
ISBN 978-7-04-050617-4

Ⅰ.①中… Ⅱ.①中… Ⅲ.①中小学－数学课－师资培训－教学参考资料 Ⅳ.① G451.2

中国版本图书馆 CIP 数据核字（2018）第 214453 号

ZHONGXIAOXUE YOU'ERYUAN JIAOSHI PEIXUN KECHENG ZHIDAO BIAOZHUN
(YIWU JIAOYU SHUXUE XUEKE JIAOXUE)

策划编辑 魏振水 王文颖　责任编辑 王文颖　封面设计 张申申　版式设计 王艳红
责任校对 刁丽丽　责任印制 刘思涵

出版发行 高等教育出版社
社　　址 北京市西城区德外大街4号
邮政编码 100120
印　　刷 天津嘉恒印务有限公司
开　　本 787mm×1092mm 1/16
印　　张 6.75
字　　数 120 千字
购书热线 010-58581118
咨询电话 400-810-0598

网　　址 http://www.hep.edu.cn
http://www.hep.com.cn
网上订购 http://www.hepmall.com.cn
http://www.hepmall.com
http://www.hepmall.cn

版　　次 2019 年 1 月第 1 版
印　　次 2019 年 1 月第 1 次印刷
定　　价 24.80 元

物 料 号 50617-00

目　　录

第一部分　前　　言

一、基本理念 …………3
二、设计思路 …………4
三、标准的结构 …………11

第二部分　培训目标与内容

一、小学数学教师培训目标与内容 …………15
二、初中数学教师培训目标与内容 …………52

第三部分　实 施 建 议

一、明确各方职责分工 …………101
二、科学制订培训方案 …………101
三、组建培训师资团队 …………101
四、开发能力诊断工具 …………102
五、建设优质课程资源 …………102
六、强化培训效果评价 …………102

第一部分
前言

为深化中小学教师培训改革，提升教师队伍整体素质能力，建设高素质专业化创新型教师队伍，特制定《中小学幼儿园教师培训课程指导标准》。《中小学幼儿园教师培训课程指导标准》包括义务教育教师培训课程指导标准和幼儿园教师培训课程指导标准，从师德修养、学科教学、班级管理、学习与发展四个维度建立完善的标准体系，通过统一出台师德修养、班级管理、学习与发展培训课程指导标准，分科出台学科教学教师培训课程指导标准，进一步规范和指导各地分类、分科、分层实施五年一周期的教师全员培训工作。

根据中小学教师专业标准、义务教育数学课程标准、教师教育课程标准和国家关于教师培养培训、学生发展核心素养与数学学科核心素养等相关文件精神，教育部制定了《中小学幼儿园教师培训课程指导标准（义务教育数学学科教学）》（以下简称《指导标准》），旨在促进义务教育阶段数学学科教师专业发展，提高教师培训的针对性和实效性。

《指导标准》基于义务教育阶段数学教育教学工作任务及实践需要，明确数学学科整体理解、数与代数、图形与几何、统计与概率、综合与实践等五项培训目标主题，开发中小学数学教师教学能力自我诊断量表，分层分类设计培训专题课程，提升教师培训的针对性和实效性。《指导标准》是国家、省、地（市）、县（区）组织开展中小学数学教师培训工作的重要参考，是各级教师培训机构、教研机构以及中小学设置数学教师培训课程、开发和选择教师培训课程资源的基本依据，也是中小学数学教师规划个人专业发展和自主选择培训课程的根本指南。

一、基本理念

《指导标准》秉承师德为先、能力为重、学生为本、实践导向、分层培训的理念，对照教师教学能力标准，制订实践导向的培训目标，开展教师教学能力诊断，设置有针对性的培训课程，确保“按需施训”。

（一）师德为先

将社会主义核心价值观和教师职业道德规范融入教师培训课程，注重教师职业理想、敬业精神和奉献精神教育，引导教师将立德树人根本任务落实到教书育人全过程，热心从教、依法执教、为人师表、关爱学生、团结协作，增强教师的人格魅力、学识魅力和职业魅力，做学生锤炼品格、学习知识、创新思维、奉献祖国的引路人。

（二）能力为重

中小学数学教师培训的核心是教师教学实践能力和专业水平的提高，特别是专业综合素养的提升。通过系统、分层、有针对性的培训，全面提升数学教师的教学能力，使教师成为具有先进的教育理念，依据《义务教育数学课程标准（2011 年版）》（以下简称《课程标准》）的理念和目标，采用恰当的教学策略与方法，促进学生综合发展的“四有”好教师。

（三）学生为本

促进教师专业发展的根本目的是促进学生的发展，教师培训效果的最终落脚点也是学生的发展。要围绕学生的全面发展及数学学科核心素养培育来设计教师培训课程，旨在不断提升教师的专业素养，进而帮助学生获得知识与技能，感悟数学思想，积累数学活动经验，形成与发展数学学科核心素养。

（四）实践导向

中小学数学教师培训课程设计要重视实践导向，教师的素养和能力是以教师所做的事情、所从事的工作为依据划分的，因此教师培训课程的设计要强调实践性和综合性，要服务于教师的工作实践。

（五）分层培训

中小学数学教师培训要以教师发展阶段为基础，以能力诊断为依据，根据教师年度发展和周期性发展需求，进行递进式设计。为了强化培训内容的针对性和系统性，强调基于能力诊断，《指导标准》对教师核心教学能力划分出层次，依此设计能够满足不同层次需求的课程，增强培训的针对性，促进教师专业持续发展。

二、设计思路

《指导标准》在大样本调研的基础上，充分考虑数学学科本身的特点、学生数学学习的特点、数学教育教学的特点、职后数学教师学习的特点，确定了数学教师培训目标和教学能力指标；开发了用于教师自我诊断的“能力表现级差表”；设计了与教师能力水平相对应的培训课程。

（一）确定数学教师培训目标和教学能力指标

数学教师培训目标（一级指标）的确定以数学学科核心内容为依据，主要参考《课程标准》划分的各内容领域，并整合具有共同特征的数学核心内容。小学阶段和初中阶段一级指标总体结构一致，小学阶段划分为 9 个一级指标，初中阶段划分为 10 个一级指标。初中与小学相比，增加了“图形的证明”，这是由“图形与几何”领域的核心内容决定的。个别一级指标的表述，在小学和初中也略有不同，如小学为“数的运算”，初中为“数与式的运算”；小学为“图形的认识与测量”，初中为“图形的认识与度量”；小学为“图形的运动与位置”，初中为“图形的位置与变换”；小学为“随机事件与可能性”，初中为“可能性与概率”。二级指标为相应一级指标下的教师教学能力的核心项，主要从学科知识、学生学习和学科教学等几个维度进行划分。小学阶段划分为 22 个二级指标，初中阶段划分为 25 个二级指标。培训目标的确定、能力水平诊断指标的描述、培训课程的设计都基于二级指标进行。

小学阶段一级和二级指标

<table>
<tr><th colspan="2">一级指标</th><th>二级指标</th></tr>
<tr><td colspan="2" rowspan="3">数学学科整体理解</td><td>数学学科的内容与教育价值</td></tr>
<tr><td>数学课程的理念与数学学科核心素养</td></tr>
<tr><td>数学教学的设计、实施与评价</td></tr>
<tr><td rowspan="8">数与代数</td><td rowspan="3">数与符号的认识</td><td>对“数与符号”内容的理解</td></tr>
<tr><td>学生关于“数与符号”的理解与困惑</td></tr>
<tr><td>“数与符号”的教学设计</td></tr>
<tr><td rowspan="3">数的运算</td><td>对“数的运算”内容的理解</td></tr>
<tr><td>学生关于“数的运算”的理解与典型错误</td></tr>
<tr><td>“数的运算”的教学设计</td></tr>
<tr><td rowspan="2">数量关系</td><td>对“数量关系”内容的理解</td></tr>
<tr><td>“数量关系”的教学设计</td></tr>
<tr><td rowspan="6">图形与几何</td><td rowspan="3">图形的认识与测量</td><td>对“图形的认识与测量”内容的理解</td></tr>
<tr><td>学生关于“图形的认识与测量”的理解特征</td></tr>
<tr><td>“图形的认识与测量”的教学设计</td></tr>
<tr><td rowspan="3">图形的运动与位置</td><td>对“图形的运动与位置”内容的理解</td></tr>
<tr><td>学生关于“图形的运动与位置”的理解特征</td></tr>
<tr><td>“图形的运动与位置”的教学设计</td></tr>
</table>

续表

一级指标		二级指标
统计与概率	数据收集、整理与表达	对“数据收集、整理与表达”内容的理解
		“数据收集、整理与表达”的教学设计
	随机事件与可能性	对“随机事件与可能性”内容的理解
		“随机事件与可能性”的教学设计
综合与实践		“综合与实践”主题的教学设计

初中阶段一级和二级指标

一级指标		二级指标
数学学科整体理解		数学学科的内容与教育价值
		数学课程的理念与数学学科核心素养
		数学教学的设计、实施与评价
数与代数	数与符号的认识	对“数与符号”内容的理解
		学生关于“数与符号”的理解与困惑
		“数与符号”的教学设计
	数与式的运算	对“数与式的运算”内容的理解
		学生关于“数与式的运算”内容的理解与典型错误
		“数与式的运算”的教学设计
	数量关系	对“数量关系”内容的理解
		“数量关系”的教学设计
图形与几何	图形的认识与度量	对“图形的认识与度量”内容的理解
		学生关于“图形的认识与度量”的理解特征
		“图形的认识与度量”的教学设计
	图形的位置与变换	对“图形的位置与变换”内容的理解
		学生关于“图形的位置与变换”的理解特征
		“图形的位置与变换”的教学设计
	图形的证明	对“图形的证明”内容的理解
		学生关于“图形的证明”的理解特征
		“图形的证明”的教学设计

续表

一级指标		二级指标
统计与概率	数据收集、整理与表达	对“数据收集、整理与表达”内容的理解
		“数据收集、整理与表达”的教学设计
	可能性与概率	对“可能性与概率”内容的理解
		“可能性与概率”的教学设计
综合与实践		“综合与实践”主题的教学设计

（二）开发用于教师自我诊断的“能力表现级差表”

数学教师的教学能力诊断是基于培训目标，指向培训目标中的二级指标所涉及内容的教学能力诊断。教学能力诊断着眼于教师对相关内容的理解与把握，学生学习相关内容的特征与问题，相关内容的教学设计等。为方便教师进行教学能力的自我诊断，《指导标准》提供了数学教学“能力表现级差表”。能力诊断以行为描述的方式为主，教师可以根据自己的实际情况，选择一种最贴近的行为描述，以此诊断自身的教学能力。教学能力诊断的结果可以作为选择培训课程的依据。《指导标准》以教学“核心能力项”的“级差点”为依据，将数学教学能力水平划分为四个等级。水平四为达到或接近该“核心能力项”主要能力指标，水平三与该“核心能力项”主要能力指标有一些偏失，水平二与该“核心能力项”主要能力指标有较明显的差异，水平一与该“核心能力项”主要能力指标差距较大。以下分别列举了小学对“图形的认识与测量”内容的理解和初中“数与符号”的教学设计的能力表现级差表。

例 1　对“图形的认识与测量”内容的理解（小学）

【培训目标】

（1）理解《课程标准》对图形的性质与分类、图形的测量的整体要求，理解教材相关内容的表述及教材的编写意图。

（2）理解图形的性质与分类、测量的抽象与表达，理解测量的本质及其重要性。

（3）理解几何直观和空间想象力的内涵及其教育价值。

【能力诊断】

水平	你最像下面哪一种？	自评（√）
四	掌握《课程标准》的具体要求，能对不同版本的教材进行比较和分析，从而深入了解教材编写的特点及与《课程标准》要求的一致性；能系统掌握图形的认识、图形的测量等相关知识的数学本质，理解测量思想的内涵及在教材内容编写时的呈现，知道不同内容对培养学生几何直观及空间观念的作用。例如，能把握“线的认识”内容中“实物”与“抽象”的关系；能从平面图形的元素特征上分析图形间的类属关系；能理解“角”的度量与其他图形测量的关联；能正确理解学习图形测量对学生认识世界、发展空间观念的重要意义	
三	理解《课程标准》对图形的认识、图形的测量的内容要求，能列出相应的教材内容，并构建图形的认识、图形的测量等内容的结构图，熟悉各知识点的本质及相互关系。例如，能从“点、线、面、体”维数发展的角度，构建图形认识的知识点导图；知道统一度量单位、测量的过程都是测量内容理解的关键	
二	知道《课程标准》对图形的认识、图形的测量在第一、二学段的要求的区别，能根据某一版本教材列出对应的内容，并能理解教材编排的逻辑和重点；能对“图形认识与测量”的某一具体内容进行分析，如度量单位在教材中是分几次编写的，长度单位、面积单位、体积单位的编写有什么异同	
一	了解《课程标准》对图形的认识、图形的测量在第一、二学段的要求，知道教材中相关的内容；知道各个平面图形、立体图形的基本特征及之间的联系；知道各种图形度量的基本方法及方法之间的关系	

例 2 “数与符号”的教学设计（初中）

【培训目标】

（1）能合理确定“数与符号”的单元与课时教学目标，能体现知识与技能、过程与方法、数学思考及情感态度等多个维度，能把握“数与符号”的教学重难点。

（2）能设计合理的教学情境和环节帮助学生理解“数与符号”的抽象，以及“数与符号”和现实生活的联系，进一步深化符号意识。

（3）能采用恰当的教学方法与策略组织“数与符号”的教学，能设计合理的练习促进知识与技能的巩固。

【能力诊断】

水平	你最像下面哪一种?	自评(√)
四	能根据相关的知识与原理确定"数与符号"内容的教学目标与重难点;会进行"数与符号"内容的学情分析,并基于学生学习的特点来进行教学设计。例如,在无理数教学中,学生对无理数的大小认知是一个难点,教师要结合学生熟悉的情境,引导学生经历无理数大小估算的过程,从而有效突破学生认知的难点。能对"数与符号"内容某一单元的教学进行整体设计,选择恰当的教学方式和教学策略体现学生学习的个性化特点;能独立设计体现本单元数学知识本质的生活情境或数学问题,独立编写有层次的例习题,帮助学生更好地建立数感与符号意识	
三	能基于《课程标准》、教材和学生学习情况,确定教学目标与重难点;能分析一节课具体的课时目标、重难点及学生的情况,进行整体教学设计,合理使用教材提供的"数与符号"情境,并能设计一些贴近学生学习与生活的情境,合理增设例习题,让学生经历"数与符号"的学习过程	
二	能根据相关资料与教学经验确定"数与符号"教学内容具体课时的重难点;能依据教材所给的例题内容与确定的重难点,对每个教学环节的内容进行适当的整合设计,合理安排例习题的顺序;能设计出既体现教学重难点又能帮助学生理解的问题情境	
一	能通过解读教材和相关的教学参考资料,确定"数与符号"相关内容的具体课时的教学目标;能按教材提供的例题顺序及相关练习完成一节课的教学任务	

(三)设计与教师能力水平相对应的培训课程

"培训课程"是基于培训目标和能力诊断设计的。"培训课程"的结构与培训目标一致,以二级指标为基本单位,每一个二级指标下设计若干个模块的课程。培训课程体现理论与实践相结合,一些课程侧重理论方面的理解,关注数学教育改革与发展的前沿问题,同时将实践中的案例融入其中;一些课程侧重教学实例的分析与展示,关注数学课程与教学改革的热点问题,也将进行一定的理论提升。每一类课程下设形式多样的若干专题,包括专题讲座、经验分享、案例分析、专题研究、备课指引等。不同专题的课程适合不同水平教师的需求，通过能力诊断确定的在不同的二级指标下的不同水平教师，可以选择相应的专题进行学习。培训机构和学校也可根据学员的能力水平选择相应的专题组织培训，以实现培训的针对性和实效性。

与培训目标和能力诊断相对应，培训课程分为小学和初中两部分设置。小学培训课程以小学培训目标的二级指标为单位，针对教师能力诊断的不同水平而设置，体现理论与实践相结合，适应小学数学教师专业发展需要，保障不同水平教师有针对性地开展培训。下面是为小学数学教师设置的对“图形的认识与测量”内容的理解的培训课程。

研修主题 12：对“图形的认识与测量”内容的理解			
编号	专题	内容要点	适用水平
5-1-1	“图形的认识”内容结构与基本要求	梳理“图形的认识”内容结构，整理知识内容框架图；解读《课程标准》对“图形的认识”的具体要求及不同学段间的纵向联系	一、二、三
5-1-2	“图形的测量”中的数学思想方法	主要介绍“图形的测量”中常见的数学思想方法，明晰数学思想的内涵及其在知识内容中的具体表现	三、四
5-1-3	“测量”内容结构与基本要求	梳理“测量”内容结构，整理知识内容框架图；解读《课程标准》对“测量”内容的具体要求及不同学段间的纵向联系	一、二、三
5-1-4	空间观念的内涵及培养策略	梳理对空间观念内涵理解的观点，建立对空间观念内涵的正确认识，结合经验讨论培养空间观念的策略	二、三、四
5-1-5	《几何原本》中的小学“图形与几何”领域内容	介绍《几何原本》的主要内容，重点介绍其中与小学图形认识相关的几个定义	三、四

初中培训课程以初中培训目标的二级指标为单位，针对教师能力诊断的不同水平而设置，体现理论与实践相结合，适应初中数学教师专业发展的需要，保障不同水平教师有针对性地开展培训。

三、标准的结构

《指导标准》由前言、培训目标与内容、实施建议三个部分组成。

第一部分“前言”说明本标准的研制依据、基本理念、设计思路，介绍本标准的框架和基本内容。

第二部分“培训目标与内容”包含培训目标、能力诊断、培训课程三方面重点内容。“培训目标”是高素质专业化的教师发展要求。义务教育数学教师培训目标的制定以教师发展为中心，落实教师专业标准，体现数学教师专业发展的结构和特征；以学生发展为本，遵循义务教育数学课程标准的基本要求，注重对数学学科的本质理解和学生数学学科核心素养的培养，凸显数学教师的教育教学能力提升。“能力诊断”是在系统分析教师教学行为表现的基础上，提出的教学能力水平诊断的描述，为有效把握不同层次、不同水平教师培训需求提供依据。《指导标准》提供义务教育阶段数学教师能力表现级差表，教师可以根据需要，选择某一领域主题内容进行自我诊断，分析自己的教学能力发展水平，确定自己的发展与培训需求。“培训课程”针对教师不同层次的能力水平进行设置，着眼于帮助教师加深专业理解，解决实际问题，提升自身经验。课程内容注重理论与实践相结合，课程形式包括专题讲座、典型课例研究、问题研讨等多种形式，以满足不同教学能力发展水平教师的培训需求，凸显课程的针对性和实效性。

第三部分“实施建议”重在引导各地、培训机构和学校创新培训模式，开发诊断工具，建设课程资源，组建师资队伍，开展效果评价，采取集中面授、网络研修与现场实践相结合的混合式培训，确保培训课程实施质量。基于培训目标、能力诊断指标和培训课程设置提出合理的实施建议。

第二部分
培训目标与内容

数学教师培训目标按小学和初中层次分别设定。小学部分以《课程标准》第一、二学段的内容为依据，初中部分以《课程标准》第三学段的内容为依据。

一、小学数学教师培训目标与内容

（一）数学学科整体理解

1. 数学学科的内容与教育价值

【培训目标】

（1）了解数学学科的知识体系，理解数学的研究对象、特征与关系，了解重要的数学事件（数学史、数学发展进程等）。

（2）认识数学学科的社会价值，了解数学文化及其在相关内容中的渗透。

（3）认识数学学科的育人价值，形成正确的数学观和数学教育观。

【能力诊断】

水平	你最像下面哪一种？	自评（√）
四	掌握与本学科相关的数学内容的发展，了解一些重要内容相关的发展与事件，如整数的表示、进位制的发展、圆周率认识的历史进程，与四则运算相关的一些故事等，知道这些内容对学生发展的重要作用；了解数学学科在学生发展中的作用	
三	理解所教内容的数学本质及其来龙去脉，备课时能分析相关内容的数学本质及其来源，知道学生学习这些内容的重要意义	
二	了解所教学段的课程标准和教材内容，备课时一般会考虑相关内容之间的前后联系，把握所教的内容，能选择与所教内容相关的具体的生活情境在教学中呈现	
一	对所教单元的教材内容比较熟悉，了解这些内容，并能在教学中把握教材呈现的内容	

【培训课程】

研修主题 1：小学教师对数学学科内容与教育价值的理解			
编号	专题	内容要点	适用水平
1-1-1	初等数学专题	介绍与小学数学核心内容相关的初等数学内容，包括数的起源与发展、运算的规则与方法、符号的理解与方程、几何图形的特征与求积、统计与概率等基本问题	一、二、三
1-1-2	数学前沿问题	介绍 20 世纪以来，数学研究的重大问题，数学领域的重要难题，以及计算机科学和信息技术对数学的影响	三、四
1-1-3	小学数学的学科价值分析	分析小学数学核心内容的学科价值，如对数的认识、数的运算、图形的认识、图形的测量等核心内容的学科本质与学科价值的典型案例进行分析。理解这些核心内容的育人价值，并在教学中有所体现	一、二
1-1-4	数学的学习与学生发展	阐述和分析数学学科学习对于促进学生发展的作用，并进行重点问题的案例分析	一、二
1-1-5	讨论如何在核心内容教学中体现数学价值	对小学数学中的核心内容如何在教学中体现数学价值进行理论分析和案例解读	一、二、三
1-1-6	数学教育改革的新进展	围绕数学教学热点问题进行专题讨论	三、四

2. 数学课程的理念与数学学科核心素养

【培训目标】

（1）理解义务教育数学课程的性质与基本理念。

（2）理解数学课程的总体目标与数学学科核心素养。

（3）了解义务教育数学课程的内容结构，掌握本学段课程的内容设置。

【能力诊断】

水平	你最像下面哪一种？	自评（√）
四	在数学教学中注重体现“四基”，并关注数学学科核心素养的培养	
三	在设计和组织数学教学时，既关注学生对所学内容的理解和掌握，又关注学生的长远发展	
二	了解学生学习数学不仅可以增长他们的知识与技能，而且对于学生的发展有重要作用，如学生的思维发展、学生认识世界和认识科学的态度	
一	知道学生学习数学是为了将来学习和更好生活打基础，数学的基础知识与技能对学生进一步学习和将来的生活都是重要的	

【培训课程】

研修主题 2：对义务教育数学课程理念与数学学科核心素养的理解			
编号	专题	内容要点	适用水平
1-2-1	数学课程的基本理念	对《课程标准》中阐述的数学课程的五大基本理念进行解读和案例分析	一、二
1-2-2	数学课程中的核心素养	认识学生发展核心素养与数学学科核心素养的价值，如何理解数学学科核心素养，如何在教学中关注培养数学学科核心素养	二、三、四
1-2-3	小学数学教学案例分析	选择 3~5 个典型案例，对小学数学教学如何体现核心素养进行案例分析	一、二、三
1-2-4	数学课程基本理念案例分析	选择 3~5 个典型案例，对小学数学教学如何体现数学课程的基本理念进行案例分析	二、三、四

3. 数学教学的设计、实施与评价

【培训目标】

（1）掌握数学教学设计的基本要素。

（2）掌握数学教学活动的主要方式。

（3）熟悉本学段学生数学学习的基本特征。

（4）了解并能运用数学评价的基本理念与方式。

【能力诊断】

水平	你最像下面哪一种？	自评（√）
四	能准确把握相关内容的数学本质，了解学生学习时存在的问题和可能会遇到的困难，选择合理的教学方式引导学生理解和掌握，采用恰当的方法进行评价	
三	能根据具体内容的特点，选择合适的教学方式组织教学，如在基本概念教学时创设情境引导学生发现，在难点之处鼓励学生探究	
二	了解课堂教学的一些基本方法，如启发式教学、合作教学、探究式教学等，并能在教学中选择运用	
一	知道备课和上课应把握课堂教学的教学目标、教学内容、教学方法和教学评价等一些基本要素	

【培训课程】

研修主题 3：小学数学教学设计的基本模式与方法			
编号	专题	内容要点	适用水平
1-3-1	小学数学教学设计的基本问题	小学数学教学设计的基本要素、模式，小学数学教学设计常见问题解析	一、二、三
1-3-2	小学数学教学方法与策略	小学数学常用的教学方法、策略及其案例	一、二、三
1-3-3	小学数学教学设计及其创新	小学数学教学设计与方法的创新及案例分析	三、四
1-3-4	小学数学测量与评价的方法	小学数学测量与评价的基本方法及运用	一、二、三
1-3-5	小学数学测量与评价的改革	小学数学测量与评价的改革进展及典型案例	三、四
1-3-6	小学数学教学设计的常见问题	小学数学教学设计的常见问题案例解析	一、二

续表

编号	专题	内容要点	适用水平
1-3-7	小学数学核心内容典型案例	选 3~5 个名师典型课堂教学案例进行分析	二、三、四
1-3-8	讨论与交流：名师教学设计案例	针对核心内容分享名师的教学设计，并进行整体评析	二、三、四

（二）数与符号的认识

1. 对“数与符号”内容的理解

【培训目标】

（1）理解《课程标准》对“数与符号”的整体要求，把握知识的主线，知道该主题在不同阶段的具体课程内容，理解教材相关内容的表述及编写意图。

（2）理解数的扩充，感悟数学抽象与符号表达，包括了解数域的扩充；理解位值、数的意义、用字母表示数；理解“数感”与“符号意识”的含义及其教育价值。

【能力诊断】

水平	你最像下面哪一种？	自评（√）
四	理解数也是一种符号，从“数与符号”发展历史角度，准确解读相关内容的内涵与意义。例如，自然数就是一种符号，人们用自然数这样的符号表达数量的多少。能从位值（计数单位）的角度理解数之间的关系，尤其是关于数的大小关系和数集的包含关系，能基于数的本质给出说明和解释。能从学生数学学科核心素养培养的角度认识和把握“数感”与“符号意识”的含义及其教育价值	
三	理解数的形成与符号的引入，数量与数的关系，符号的表达，从整数到小数和分数是如何扩充的，不同数的本质和现实中的原型是什么，在认识不同的数时哪些典型的情境会促进学生的理解	
二	对于自然数、整数、小数及分数的意义的理解不限于教材所给出的定义，能够基于概念的本质给出说明。理解用字母不仅可以表示数，也可以表示数量关系	
一	提到“数与符号”内容，知道《课程标准》中对这部分内容的表述是什么；了解教材中关于“数与符号”的内容有哪些，如知道有自然数、整数、小数、分数，知道常用的数学符号有哪些	

【培训课程】

研修主题 4：与小学相关的“数与符号”内容的理解			
编号	专题	内容要点	适用水平
2-1-1	“数与符号”的产生和发展	介绍“数与符号”的产生和发展，如数字符号的发展历史、古代的数字符号、十二进制与六十进制、各种数学符号的发明	一、二
2-1-2	“数”的本质及性质的理解	主要介绍数的本质及性质，如何认识自然数，表示自然数的关键是什么，如何认识自然数的性质，如何认识负数，如何认识分数，如何认识小数，了解数系的扩充及主要途径是元素的添加，了解自然数、整数、有理数、实数、复数数系的逻辑扩充过程	三、四
2-1-3	小学数学“数与符号”内容相关概念解读	对《课程标准》与教材中出现的有关“数与符号”的相关概念进行解读，如自然数、小数、分数、负数、整数、奇数、偶数、质（素）数、合数、公倍数、公因数、概念性符号、关系性符号	一、二
2-1-4	“数感、符号意识”的内涵与培养	理解《课程标准》中表述的“数感及符号意识”的含义，在“数与符号”内容的教学中，研讨如何培养学生的数感和符号意识	一、二、三、四
2-1-5	讨论与交流：如何培养学生的位值思想	在小学阶段，位值思想贯穿于数的认识的始终，讨论交流小学阶段如何培养学生的位值思想	一、二、三

2. 学生关于“数与符号”的理解与困惑

【培训目标】

（1）了解学生学习“数与符号”内容的已有知识基础；了解学生对“数与符号”认识的抽象思维水平。

（2）能分析学生学习“数与符号”内容的困难及其原因。

【能力诊断】

水平	你最像下面哪一种？	自评（√）
四	对于“数与符号”内容，能对学生可能出现的各种错误进行归类和分析，解释出现各类错误的原因，同时能够分析学生在知识学习过程中出现的理解上的问题和困惑，并有针对性地从多角度去寻求解决的策略和方法。例如，关于分数的学习，学生存在的主要问题是对分数多种意义的理解，其中分数的无量纲性是难点，教师能针对学生理解上的困惑，寻求有效的解决策略	
三	对于“数与符号”内容，能关注学生出现的各种问题与错误，能分析学生出现的不同类型错误的原因，以及不同水平的学生学习时可能会存在什么样的困难，并能在教学设计时加以考虑	
二	知道学生在学习自然数、整数、小数、分数时出现的各种典型错误，并能对典型错误进行分类归纳原因，如关于数的概念理解上的错误，关于位值理解上的错误	
一	了解学生在学习自然数、整数、小数、分数时可能会出现的一些错误，如学生不理解不同数位上的值，不理解小数点后面各数位所表示的意义等，但并没有思考产生的原因，只是关注学生是否能改对	

【培训课程】

研修主题 5：学生关于“数与符号”的理解与困惑			
编号	专题	内容要点	适用水平
2-2-1	“数与符号”内容的学习心理	介绍“数与符号”内容学习的一般认知过程、学生学习“数与符号”内容的思维特点。介绍认知心理学中有关数的研究，以及关于学生数感、符号意识方面的研究	一、二、三、四
2-2-2	小学生“数与符号”内容学习中的错误类型及对策研究	对学生在这一内容的学习过程中出现的错误进行汇总、归类，总结归纳出学生在“数与符号”内容学习中的典型错误类型，并从多角度去寻求解决策略和方法	一、二、三、四

续表

编号	专题	内容要点	适用水平
2-2-3	问题讨论：如何把学生“数与符号”学习错误和困难开发为学习资源	学生在学习“数与符号”内容时出现的错误，可以作为课程资源加以开发和利用。讨论交流学生的哪些错误和困难可以作为资源加以开发和利用，在课堂中如何进行基于学生学习错误的教学	二、三、四

3.“数与符号”的教学设计

【培训目标】

（1）能准确确定“数与符号”的单元与课时教学目标，目标体现知识技能、过程方法、数学思考及情感态度等多个维度，能把握“数与符号”的教学重难点。

（2）能设计合理的教学情境和活动帮助学生理解“数与符号”的抽象过程，以及数、符号与现实生活的联系，建立数感和符号意识。

（3）能采用恰当的教学方法与策略组织“数与符号”的教学，能设计合理的练习促进知识与技能的掌握。

【能力诊断】

水平	你最像下面哪一种？	自评（√）
四	能从整体上理解和把握“数与符号”的教学内容；能选择合理恰当的教学策略和方法，如在关于数的认识教学中，能强调数与现实背景之间的联系，在教学活动中让学生感悟“数是对数量的抽象”，同时也能让学生感悟“抽象出来的数与数量是有联系的”；对学生数感与符号意识的培养贯穿于“数与代数”教学的始终；能够设计与开发体验性的、探索性的、开放性的作业和练习	
三	能分析新认识的数与符号和先前学过的数与符号的关系，了解学生可能遇到的问题，重点理解数的实际意义以及用符号表达。通常会设计多种学习活动，如操作、填作业单等，能及时了解学生的理解程度和问题，通过具体的问题情境了解学生的学习水平	

续表

水平	你最像下面哪一种？	自评（√）
二	能根据数的认识的具体内容确定教学目标；能根据学生的学习状况，从具体到抽象，有步骤地向学生展示数的意义，不局限于教材提供的例题意义和方法；能分析教材中对于数的意义的描述，能重点帮助学生理解数与符号的含义；能根据学生的回答给予相应的反馈和解释，教学设计比较全面、有针对性	
一	能根据某一版本的教材进行授课，通常按照教材提供的例题内容和顺序进行授课。在教学目标的设计上，较少根据教学内容及学生差异进行多维的设计，教学目标通常只关注“数与符号”内容的知识与技能目标，而对过程性目标关注不多，也较少关注学生的学习差异。在教学过程中内容组织通常用一种策略，但针对教学内容的重难点、学生理解上的困惑，在教学设计时很少思考，自我感觉缺乏有效的策略和方法去突破教学重难点	

【培训课程】

研修主题6：“数与符号”的教学设计			
编号	专题	内容要点	适用水平
2-3-1	小学“数与符号”内容教学策略的选择与实施	针对有关“数与符号”的核心内容的教学，从教学设计角度提出相关的教学策略	一、二
2-3-2	小学“数与符号”内容学生学习活动的设计	基于“数与符号”具体内容讨论学生学习活动的设计，知道什么样的学习活动更有利于学生对“数与符号”内容的理解	一、二
2-3-3	小学“数与符号”内容典型课例分析	选取典型课例，一节有关数的发展史，一节有关数的认识，一节是用字母表示数，研讨小学阶段“数与符号”的教学设计	一、二、三
2-3-4	不同年级“数与符号”内容纸笔测验试题的编制	如何编制恰当的题目来测查学生对“数与符号”内容的学习情况；设计怎样的题目既能考查学生的学习结果，也能了解学生学习的思维过程	二、三、四

续表

编号	专题	内容要点	适用水平
2-3-5	问题讨论：“大数的认识”的教学设计	对于大数的认识，讨论如何根据确定的重难点内容设计有逻辑顺序的教学环节；如何设计有针对性的问题帮助学生认识大数；如何根据不同学生的发展设计具有层次性的教学活动；如何根据问题的背景选择合适的方法，发展学生的数感和符号意识	一、二、三
2-3-6	实践与反思：对“数与符号”内容的教学反思	观摩“数与符号”内容的课堂教学，反思自己对这个内容的理解与教学策略存在的问题	一、二

（三）数的运算

1. 对“数的运算”内容的理解

【培训目标】

（1）理解《课程标准》对“数的运算”的具体要求，把握运算内容的结构，理解教材相关内容、编写意图及编排线索。

（2）能正确理解四则运算的意义、法则、算理及运算律等相关知识，知道实施运算的依据；能寻求合理简洁的运算途径解决问题，知道各类运算之间的关系，从而理解各类运算的顺序和步骤。

（3）理解运算的法则和通性通法的重要性，感悟算理与程式化思想，理解“运算能力”和“推理能力”的含义及其教育价值。

【能力诊断】

水平	你最像下面哪一种？	自评（√）
四	能准确解读四则运算的意义、法则、算理及运算律等相关内容；理解“运算能力”和“推理能力”的内涵及其重要的教育价值；理解运算也是一种推理，是从已有的“运算定义、法则、顺序”等出发，按照逻辑推理的法则证明和计算的；理解学生“运算能力”和“推理能力”的培养和发展应贯穿于整个数学学习过程中	

续表

水平	你最像下面哪一种？	自评（√）
三	能理解各类运算之间的关系及发展，理解算理及运算法则之间的关系，如知道四则运算都是源于加法；理解减法是加法的逆运算，自然数集合的乘法是加法的简便运算，除法是乘法的逆运算；知道精算有利于培养学生的抽象能力，估算有利于培养学生的直观能力	
二	能结合具体情境和题目理解四则运算的意义，如关于运算顺序的两个基本法则：有括号，先计算括号中的算式；没有括号，先乘除后加减。知道并理解这种规定背后的合理性。例如，关于混合运算，能够理解“所有混合运算都是在讲述两个或两个以上的故事”	
一	知道《课程标准》对“数的运算”内容的表述，知道运算内容的组织结构，了解第一、二学段“数的运算”具体有哪些内容；了解教材中关于“数的运算”内容的表述及结构安排	

【培训课程】

研修主题 7：小学阶段对“数的运算”内容的理解			
编号	专题	内容要点	适用水平
3-1-1	关于“数的运算”的发展史	介绍“数的运算”的发展历程，如运算的封闭性、计算工具的发展史、负数及其运算的发展	一、二、三
3-1-2	小学数学中四则运算意义的本质理解	解读小学数学中四则运算意义的本质。例如，加、减、乘、除运算的本质是什么？如何理解自然数的加法运算？为什么说减法是加法的逆运算？	一、二、三、四
3-1-3	小学阶段的运算法则及运算律的介绍	对小学阶段的运算法则及运算律进行介绍。例如，为什么混合运算要先乘除后加减？如何理解交换律、结合律及分配律的本质？	一、二、三

续表

编号	专题	内容要点	适用水平
3-1-4	对“数的运算”内容的解读	对小学数学教材中出现的有关“数的运算”的相关内容进行解读。例如，整数加减法在某学段的内容结构是如何设计的？如何理解教材中有关“数的运算”的核心内容？	一、二
3-1-5	“运算能力”的内涵及基本要求	理解《课程标准》对“运算能力”内涵的描述，基于具体的教学内容，探讨在计算教学中如何培养学生的运算能力，讨论提高学生运算能力的教学策略和方法	一、二
3-1-6	问题与讨论：关于精算与估算的理解与教学	分析精算与估算的本质，教材对精算与估算的编排逻辑，讨论如何进行精算与估算的教学	二、三、四

2. 学生关于“数的运算”的理解与典型错误

【培训目标】

（1）了解学生整数、小数、分数四则运算学习的认知特征，了解学生对“数的运算”的推理水平。

（2）知道常见的典型错误与困惑，能准确分析学生出现四则运算典型错误的原因。

【能力诊断】

水平	你最像下面哪一种？	自评（√）
四	在“数的运算”教学时，能对学生出现的各种典型错误进行归类和分析，寻找出现错误的原因；同时能分析学生在知识学习过程中出现的理解上的问题和困惑，并有针对性地从多角度去寻求解决的策略和方法。例如，关于退位减法中连续退位时的错误，能让学生从算理上进行理解和纠错；对余数和除数之间的关系的错误，能从除法平均分的意义及除法算式中每一个数表示的意义上进行解释和分析	

续表

水平	你最像下面哪一种？	自评（√）
三	在“数的运算”教学时，通常能分析学生出现的不同类型的错误，以及不同水平的学生学习中存在的困难，并能根据具体的内容说明学生出现错误或困难的原因	
二	熟悉学生在学习“数的运算”时出现的典型错误，并能对典型错误进行分类归纳。如四则运算中运算顺序的错误，对小数乘法、分数乘法意义的理解错误	
一	知道学生在学习整数、小数、分数四则运算时可能出现的常见错误，会让学生及时改错，较少分析错误产生的真正原因	

【培训课程】

研修主题 8：学生关于“数的运算”的理解与典型错误分析			
编号	专题	内容要点	适用水平
3-2-1	关于“数的运算”学习中的问题和困惑	主要从数学学科本质和学生认知发展规律的角度入手，对学生“数的运算”内容学习中存在的问题和困惑进行梳理和分析。例如，关于“小数乘法意义和算理的学习”，从数学学科本质的角度来分析学生出现错误和困惑的原因	一、二、三
3-2-2	问题研讨：如何进行基于理解的计算教学	计算的学习重点之一是理解算理，探讨教师进行基于理解的计算教学的策略与方法	三、四
3-2-3	小学生计算错误归因分析及解决策略的研究	基于具体内容对学生在计算学习过程中出现的错误进行汇总、归类；总结归纳出学生“数的运算”内容学习中的典型错误类型，并从多角度提供解决的策略和方法	二、三、四
3-2-4	研讨与交流：如何把学生的计算错误作为教学资源	如何把学生在学习“数的运算”内容时出现的错误作为课程资源加以开发和利用？如何开展基于学生错误的教学研究？	二、三、四

3. “数的运算”的教学设计

【培训目标】

（1）能把握《课程标准》对运算教学的要求，能设计有效的策略与表征方式进行整数、小数、分数四则运算的教学。

（2）能帮助学生理解运算的算理、运算律及运算的顺序和步骤，帮助学生合理选择计算方法，发展学生的运算能力。

（3）能设计合理的方法与内容检测学生整数、小数、分数四则运算的学习结果，并反思教学。

【能力诊断】

水平	你最像下面哪一种？	自评（√）
四	在进行教学设计时，能从培养学生数学学科核心素养的角度整体理解和把握“数的运算”的教学内容；能设计合理的教学情境帮助学生从意义、算理、算法的角度进行计算的学习；能把对学生“运算能力”和“推理能力”的培养贯穿于“数的运算”的教学设计与实施中；能设计与开发体验性的、探索性的、开放性的作业和练习	
三	能根据学生已有的知识基础和经验，以及“数的运算”的具体教学内容进行选择和设计，能将实物和模型结合起来帮助学生理解算理和算法。例如，在分数乘分数算理的理解上，能通过用长方形纸“折一折”的方法帮助学生理解算理和算法之间的关系，也能通过在长方形上“画一画”的方法帮助学生理解。教师的教学设计能面向全体学生，同时在教学难重点上进行设计和突破	
二	理解《课程标准》对运算教学的具体要求，能根据学生的学习状况及教学内容设计教学目标，教学目标全面而有层次；能针对具体的教学内容，设计恰当有效的情境进行教学；教学过程强调学生对整数、小数、分数四则运算算理的理解	
一	了解《课程标准》对运算教学的要求，能根据某一版本教材的设计进行授课，通常按照教材提供的例题的意义和方法进行授课。但在教学目标的设计上，较少根据教学内容及学生差异进行多维的设计，通常只关注知识与技能的教学	

【培训课程】

研修主题 9："数的运算"的教学设计			
编号	专题	内容要点	适用水平
3-3-1	小学"数的运算"内容教学策略及其运用	针对有关"数的运算"的核心内容的教学，从教学设计角度提出相关的教学策略	一、二
3-3-2	小学"数的运算"的教学设计	基于"数的运算"的具体内容，讨论如何进行教学活动的设计。对"数的运算"内容进行单元教学设计分析，例如，20以内进位加法的单元教学设计分析	一、二
3-3-3	不同年级"数的运算"内容纸笔测验试题的编制	如何编制恰当的题目，既能测查学生在这一内容领域的学习效果，又能考查学生的思维过程	二、三、四
3-3-4	同课异构：任选一节计算教学内容	基于不同的教学设计，讨论"数的运算"内容的本质理解和教学策略	一、二
3-3-5	问题讨论：在计算教学中如何实现"意义、算理、算法、技能"的有机结合	反思自己的计算教学，讨论如何实现"意义、算理、算法、技能"的有机结合，对"数的运算"教学内容的理解和教学策略方法进行梳理总结	二、三、四

（四）数量关系

1. 对"数量关系"内容的理解

【培训目标】

（1）理解《课程标准》对常见的数量关系、问题解决、方程、正反比例等内容的整体要求，把握知识发展的主线。

（2）理解教材对数量关系、方程、正反比例的表述，理解问题解决的编写意图与编排方式。

（3）能在具体情境中发现数量关系，能用相应的符号、等式进行表达（包括加法、乘法、方程关系等），能解决简单的实际问题，获得解决问题的方法。

（4）理解数量关系的数学表达，能够用合理的数学表达解释现实世界的数量关系，初步掌握模型思想。

【能力诊断】

水平	你最像下面哪一种？	自评（√）
四	能结合教材中常见的数量关系、方程、正反比例内容，将实际问题抽象成数学模型并进行解释与应用。理解数学模型是采用形式化的数学语言，去抽象、概括地表征研究对象（主要指现实问题）的主要特征、关系所形成的一种数学结构。模型思想是一种基本的数学思想，与很多数学关系内容密切相关	
三	能结合教材的具体内容掌握建立和求解模型的过程，能从现实生活或具体情境中抽象出数学问题，理解“总价 = 单价 × 数量、路程 = 速度 × 时间”是两个乘法关系模型，用数学符号表达方程、正反比例等表示的数量关系和变化规律，能对求出的结果进行讨论并反思它的意义	
二	能根据某一版本教材列出常见的数量关系、方程、正反比例内容编排结构，理解这样编排的逻辑；能依据相关的教学参考资料对教材所编排的具体课时内容进行分析解释，对方程等重要概念的理解不限于教材给出的定义，还能基于概念的本质给出说明	
一	知道《课程标准》中有关常见的数量关系、方程、正反比例内容的表述；了解教材中关于“数量关系”的内容有哪些，知道方程是学习等量关系的内容，正反比例是学习变化关系的内容	

【培训课程】

研修主题 10：小学阶段“数量关系”内容的理解			
编号	专题	内容要点	适用水平
4−1−1	对“数量关系”内容的本质理解	分析“数量关系”核心内容，主要是有关式与方程、变量与函数（正反比例）的内容	一、二、三、四
4−1−2	小学数学中的模型和模型思想	理解模型的含义。介绍总量模型（加法模型）、乘法模型（总价 = 单价 × 数量、路程 = 速度 × 时间）、植树模型、工程模型。深入理解模型思想及其教育价值	一、二、三、四

续表

编号	专题	内容要点	适用水平
4-1-3	关于问题解决的研究	介绍国内外有关问题解决的相关研究与教学案例	二、三、四
4-1-4	讨论与交流：《九章算术》中的比例问题	选取《九章算术》中有关比例的内容，讨论分析古代数学中的比例问题（今有术），并讨论如何在教学中融入数学文化的内容	一、二、三、四

2.“数量关系”的教学设计

【培训目标】

（1）能把握常见的数量关系、问题解决、方程、正反比例等内容的重难点，设计合理的教学环节及问题，帮助学生理解关系与模型。

（2）能设计合理的教学情境帮助学生理解等量与变化关系，以及这些关系与现实生活的联系，建立模型思想。

（3）能采用恰当的教学方法与策略组织“数量关系与问题解决”的教学，能设计合理的练习促进知识与技能的巩固。

【能力诊断】

水平	你最像下面哪一种？	自评（√）
四	对于常见的数量关系、方程、正反比例的教学设计，能从具体数量关系的本质、学生学习认知规律确定教学目标与重难点；会结合学生熟悉的现实情境或数学活动，如对“总价 = 单价 × 数量、路程 = 速度 × 时间”两个常见数量关系及方程、正反比例内容进行统筹设计。能运用体现教学内容本质的生活情境，从具体到抽象，有意识地揭示概念的本质，能独立编写有层次的例题和习题，帮助学生建立模型思想	
三	在进行常见的数量关系、方程、正反比例教学设计时，能基于《课程标准》、教材及学生学习情况，准确确定教学目标与重难点。能基于具体的课时目标、重难点及学生的情况整体考虑教学设计，合理使用教材提供的问题情境，并能设计一些贴近学生学习与生活的情境，合理增设例题和习题，让学生经历问题解决的学习过程	

续表

水平	你最像下面哪一种？	自评（√）
二	能根据相关资料与教学经验确定常见的数量关系、方程、正反比例教学内容具体课时的重难点；能根据教材所给例题的具体内容，对每个教学环节的内容进行适当的整合设计，合理安排例题和习题的顺序，所设计的教学环节既能体现教学重难点，又能帮助学生理解	
一	能通过解读教材和相关的教学参考资料，完成常见的数量关系、方程、正反比例等内容的教学任务，但是对教学目标有些模棱两可；不能确定教学环节的组织是否符合这个内容的教学逻辑；能按教材提供的相关练习进行巩固	

【培训课程】

研修主题 11："数量关系"的教学设计			
编号	专题	内容要点	适用水平
4-2-1	小学"数量关系"内容教学策略的选择与实施	针对有关"数量关系"的核心内容的教学，从教学设计角度提出相关的教学策略	一、二
4-2-2	小学"数量关系"内容学生学习活动的设计	基于常见的数量关系、正反比例、方程等内容讨论具体课堂学生学习活动的设计，通过举例说明这些活动如何能促进学生的深度学习	一、二、三、四
4-2-3	"路程、速度、时间"一课的教学设计	选两节"路程、速度、时间"的课例，讨论对常见"数量关系"内容的本质理解，以及如何进行"数量关系"内容的教学	一、二、三
4-2-4	"方程与正反比例"课例分析	选两节课，一节是方程的内容，一节是正反比例的内容，研讨小学阶段式与方程、变量与函数内容的教学策略	一、二、三
4-2-5	问题讨论：如何设计合理的情境理解"数量关系"内容	讨论如何设计合理的教学情境帮助学生理解数量关系的数学表达，以及用合理的数学表达解释现实世界的数量关系，掌握模型思想	二、三、四

（五）图形的认识与测量

1. 对“图形的认识与测量”内容的理解

【培训目标】

（1）理解《课程标准》对图形的性质与分类、图形的测量的整体要求，理解教材相关内容的表述及教材的编写意图。

（2）理解图形的性质与分类、测量的抽象与表达，理解测量的本质及其重要性。

（3）理解几何直观和空间想象力的内涵及其教育价值。

【能力诊断】

水平	你最像下面哪一种？	自评（√）
四	掌握《课程标准》的具体要求，能对不同版本的教材进行比较和分析，从而深入了解教材编写的特点及与《课程标准》要求的一致性；能系统掌握图形的认识、图形的测量等相关知识的数学本质，理解测量思想的内涵及在教材内容编写时的呈现，知道不同内容对培养学生几何直观及空间观念的作用。例如，能把握“线的认识”内容中“实物”与“抽象”的关系；能从平面图形的元素特征上分析图形间的类属关系；能理解“角”的度量与其他图形测量的关联；能正确理解学习图形测量对学生认识世界、发展空间观念的重要意义	
三	理解《课程标准》对图形的认识、图形的测量的内容要求，能列出相应的教材内容，并构建图形的认识、图形的测量等内容的结构图，熟悉各知识点的本质及相互关系。例如，能从“点、线、面、体”维数发展的角度，构建图形认识的知识点导图；知道统一度量单位、测量的过程都是测量内容理解的关键	
二	知道《课程标准》对图形的认识、图形的测量在第一、二学段的要求的区别，能根据某一版本教材列出对应的内容，并能理解教材编排的逻辑和重点；能对“图形的认识与测量”的某一具体内容进行分析，如度量单位在教材中是分几次编写的，长度单位、面积单位、体积单位的编写有什么异同	
一	了解《课程标准》对图形的认识、图形的测量在第一、二学段的要求，知道教材中相关的内容；知道平面图形、立体图形的基本特征及之间的联系；知道各种图形测量的基本方法	

【培训课程】

研修主题 12：对“图形的认识与测量”内容的理解			
编号	专题	内容要点	适用水平
5-1-1	“图形的认识”内容结构与基本要求	梳理“图形的认识”内容结构，整理知识内容框架图；解读《课程标准》对“图形的认识”的具体要求及不同学段间的纵向联系	一、二、三
5-1-2	“图形的测量”中的数学思想方法	主要介绍“图形的测量”中常见的数学思想方法，明确数学思想的内涵及其在知识内容中的具体表现	三、四
5-1-3	“测量”内容结构与基本要求	梳理“测量”内容结构，整理知识内容框架图；解读《课程标准》对“测量”内容的具体要求及不同学段间的纵向联系	一、二、三
5-1-4	空间观念的内涵及培养策略	梳理对空间观念内涵理解的观点，建立对空间观念内涵的正确认识，结合经验讨论培养空间观念的策略	二、三、四
5-1-5	《几何原本》中的小学“图形与几何”领域内容	介绍《几何原本》的主要内容，重点介绍其中与小学图形认识相关的几个定义	三、四

2. 学生关于“图形的认识与测量”的理解特征

【培训目标】

（1）了解学生对“图形的认识与测量”内容的已有知识基础，了解学生对图形分类、测量认识的抽象思维水平。

（2）能分析学生学习“图形的认识与测量”内容的困难及其原因。

【能力诊断】

水平	你最像下面哪一种？	自评（√）
四	对于学生在学习“图形的认识与测量”不同阶段内容时的知识基础、心理特点、思维水平等，有较为清晰和全面的把握，能准确判断学生的学习困难，预设学习过程中的典型错误，并能针对不同典型错误寻求解决方法。例如，在“圆的周长”教学时，能清楚地判断学生对“实验方法”和“推理方法”的学习难度；清楚学生对误差理解的困难及解决方法；明确“圆周率发展史”内容对学生理解知识、领悟方法的作用	
三	不仅熟悉学生在学习“图形的认识与测量”不同阶段内容时的知识基础情况，还比较了解不同年段学生的思维发展水平及特点，能基于学生的情况对学习过程中的困难进行具体分析。例如，理解学生学习平行线时，对“永不相交”接受困难的原因；清楚学生在学习圆柱、圆锥体积计算时对推导公式可能存在的理解偏差	
二	知道部分学生在学习“图形的认识与测量”不同阶段的内容时的知识基础情况，对于学生的思维水平和特点有一定了解。例如，知道学生在学习长方体表面积计算时应具备的长方形面积计算、长方体特征、长方体立体图与平面图之间关系等知识基础；了解学生在学习时出现的不同情况和典型错误	
一	对学生在学习“图形的认识与测量”内容时可能具有的知识基础了解不够全面，无法预测和判断学生在学习过程中可能遇到的问题。例如，不了解学生在初次学习立体图形的认识之前的生活经验有哪些，对生活中的立体图形已经有哪些认识；不了解学生在建立长度、面积、体积单位表象的过程中存在哪些学习困难	

【培训课程】

研修主题 13：学生关于“图形的认识与测量”的理解特征			
编号	专题	内容要点	适用水平
5-2-1	与“图形的认识与测量”学习相关的数学学习心理	介绍学生学习“图形的认识与测量”内容的一般认知过程和特殊认知过程，学生数学思维及其规律，以及经典的几何学习研究，如范希尔的研究	一、二、三、四

续表

编号	专题	内容要点	适用水平
5-2-2	学习“图形的认识与测量”内容的典型困难	结合自己的教学经验，交流学生学习“图形的认识与测量”的典型困难，分析困难产生原因及解决策略，交流如何通过个别教学或辅导，帮助学生解决学习困难	一、二、三
5-2-3	问题讨论：如何进行“图形的认识与测量”的学情分析	结合自己的教学经验，基于“图形的认识与测量”的具体内容，交流怎样做学情分析，针对具体的教学内容，设计学情分析的过程，并进行实践	二、三、四

3.“图形的认识与测量”的教学设计

【培训目标】

（1）能合理确定“图形的认识与测量”的教学目标，把握教学重难点，设计合理的教学环节及问题，帮助学生理解图形认识、测量的抽象概念。

（2）能设计合理的教学情境帮助学生理解图形的基本特征、测量的基本过程，理解图形与现实生活的联系，帮助学生建立空间观念，培养学生的几何推理能力。

（3）能采用恰当的教学方法与策略组织“图形的认识与测量”的教学，能设计合理的练习促进知识与技能的巩固。

【能力诊断】

水平	你最像下面哪一种？	自评（√）
四	在进行“图形的认识与测量”内容教学设计时，不仅能深入分析教学内容的知识来源、数学本质、蕴含的数学思想，还能熟悉学生的学习基础、思维特点等；能基于对《课程标准》、教材及学生的理解，合理确定有梯度的教学目标，设计多样的、适切的、有针对性的教学活动及变式练习，帮助学生学习、巩固及运用；教学设计预留生成空间，教学策略多样丰富，便于在教学时及时了解学生情况并随之进行调整	
三	对于“图形的认识与测量”内容的特点，能深入分析教学内容的知识来源、数学本质、蕴含的数学思想等；能根据学生的实际情况设定教学目标；能围绕教学目标设计多样的、适切的教学活动，帮助学生理解图形特征、积累活动经验、发展空间观念、提高几何推理能力等	

续表

水平	你最像下面哪一种？	自评（√）
二	能以教材内容及教学参考书的指导为依据，确定图形认识、图形的测量内容的具体教学目标；能适当调整教材，设计比较合理的教学环节及问题情境，设计的教学活动有助于帮助学生理解核心概念及关键概念	
一	能根据具体教学内容制定教学目标，参照教材提供的例题和学习方法提示设计教学环节，帮助学生理解例题的意义及基本概念	

【培训课程】

研修主题 14：“图形的认识与测量”的教学设计			
编号	专题	内容要点	适用水平
5-3-1	“图形的认识与测量”内容教材分析	选取几个版本的教材，对“图形的认识与测量”内容进行教材分析，基于分析给出相应的教学建议	一、二、三、四
5-3-2	问题讨论：“图形的认识与测量”内容教学目标的确定	结合《课程标准》的要求、教学参考书中的教学建议、学生的学情分析，针对具体的知识点，讨论如何准确地确定教学目标	一、二
5-3-3	问题讨论：如何设计“图形的认识与测量”内容的学生操作活动	结合自己的教学经验，针对某一个内容或某一系列内容（如几种图形面积计算），讨论交流可以设计哪些操作活动，每种操作活动的作用、适用的情况，以及对不同类操作活动学生可能出现的问题，教师应如何进行指导	一、二、三
5-3-4	案例分析：任选一个“图形的认识和测量”的内容	基于不同的教学设计，讨论“图形的认识与测量”具体教学内容的本质理解和教学策略。结合某一个具体的内容，分析教材的编写意图，学生实际学习中表现出来的困难，进行怎样的教学设计能帮助学生突破学习困难	一、二、三、四

续表

编号	专题	内容要点	适用水平
5-3-5	实践与反思	针对“图形的认识与测量”的某个内容进行一次教学设计，并在实践中检验教学设计，修改后再实践，记录整个过程并反思	一、二、三、四

（六）图形的运动与位置

1. 对“图形的运动与位置”内容的理解

【培训目标】

（1）能理解平移、旋转和轴对称的基本含义，能正确判断现实生活中相关的运动现象，能在方格纸上画出简单图形运动后的图形。

（2）能够理解“图形运动与位置”的内涵及其教育价值。

（3）能把握图形或物体间的位置关系，理解图形位置关系的相对性，具有一定的逻辑推理能力。

【能力诊断】

水平	你最像下面哪一种？	自评（√）
四	掌握《课程标准》的具体要求，能够对不同版本的教材进行比较分析，深入了解教材编写的特点；能系统掌握图形的运动、图形与位置的知识结构及关系，理解图形刚体运动的本质特征。例如，理解为什么用“线”作为刻画平移、旋转、轴对称运动的参照物；能够以“参照物”为标准对图形与位置的关系进行分类整理	
三	理解《课程标准》对“图形的运动与位置”的内容要求，能列出相应的教材内容，并构建图形的运动、图形与位置内容的结构图，熟悉各知识点的本质及相互关系。例如，知道“用数对确定位置”对“平面直角坐标系”学习的意义；理解在编写平移、旋转、轴对称内容时提出“在方格纸上画简单图形”等要求的目的	
二	知道《课程标准》对“图形的运动与位置”在第一、二学段要求的区别，能依据某一版本教材列出对应的内容，并理解教材编排的逻辑和重点；能对图形的运动、图形与位置的某一个具体内容进行分析，如“轴对称图形”教材是分几次编写的，每一次的重点分别是什么	

续表

水平	你最像下面哪一种?	自评(√)
一	了解《课程标准》对图形的运动、图形与位置在第一、二学段的要求;知道教材中有哪些相关内容;知道平移、旋转、轴对称的基本含义;知道与图形的位置相关的基本知识点	

【培训课程】

研修主题 15:对“图形的运动与位置”内容的理解			
编号	专题	内容要点	适用水平
6-1-1	“图形的运动”内容结构与基本要求	梳理“图形的运动”内容结构,整理知识点框架图。解读《课程标准》对“图形的运动”的具体要求及不同学段间的纵向联系	一、二、三、四
6-1-2	“图形与位置”内容结构与基本要求	梳理“图形与位置”内容结构,整理知识点框架图。解读《课程标准》对“图形与位置”的具体要求及不同学段间的纵向联系	一、二、三、四
6-1-3	例谈小学数学“图形的运动与位置”内容的本质理解	列举出与“图形的运动”和“图形与位置”相关的内容,并对这些内容的本质理解进行解读	二、三、四
6-1-4	问题讨论:如何理解教材中关于“图形的运动与位置”内容的编排	《课程标准》对“图形的运动”及“图形与位置”相关内容的难度要求进行了详细规定,教师结合自己的教学经验,讨论某个版本教材的编写安排与意图	一、二、三

2. 学生关于“图形的运动与位置”的理解特征

【培训目标】

(1)能把握学生认识平移、旋转和轴对称的特点。

(2)能分析学生学习图形的运动、图形与位置时的困难及其原因。

(3)知道学生学习图形的运动、图形与位置的典型错误及产生错误的原因。

【能力诊断】

水平	你最像下面哪一种?	自评（√）
四	能够清晰、全面地把握学生在学习图形的运动、图形与位置不同阶段内容时的知识基础、心理特点、思维水平等；能够准确判断学生的学习困难，预设学习过程中的典型错误；能够在关注学生习得知识与技能的同时，关注学生领悟思想方法、发展空间观念。例如，知道学生在掌握“平移、旋转、轴对称”概念的过程中容易出现的问题及原因，并能做预防性和补救性的教学设计及辅导	
三	熟悉学生在学习图形的运动、图形与位置不同阶段内容时的知识基础、思维特点情况，能基于学生的情况对学习过程中的困难进行具体分析。例如，理解学生在学习轴对称图形时，为什么会对判断“平行四边形是不是轴对称图形”存在困难，知道如何帮助学生解决困难；又如，在学习左右及八个基本方向时，为什么部分学生无法理解方向的相对性	
二	知道学生在学习图形的运动、图形与位置不同阶段的内容时的知识基础情况，对于学生的思维水平和特点有一定了解，初步了解学生学习时的典型错误。例如，知道学生在用方向、距离判断物体位置关系时可能具有的生活经验，以及这些学习基础可能对学生的影响	
一	对于学生在学习图形的运动、图形与位置内容时可能具有的知识基础不够了解，无法预测和判断学生在学习过程中可能遇到的问题。例如，不了解学生对平移、旋转等知识的已有基础及生活经验，不了解部分学生辨别八个方向存在的困难	

【培训课程】

研修主题 16：学生关于“图形的运动与位置”的理解特征			
编号	专题	内容要点	适用水平
6-2-1	学生在学习“图形的运动与位置”时的典型困难	结合自己的教学经验，交流学生在学习“图形的运动与位置”时的典型困难，分析困难的发现过程、产生原因及解决策略	一、二、三、四

续表

编号	专题	内容要点	适用水平
6-2-2	问题讨论：如何进行“图形的运动与位置”的学情分析	结合自己的教学经验，交流“为什么要进行学情分析，怎样做学情分析以及学情分析的维度有哪些”等问题，针对具体的教学内容，设计学情分析的过程，并尝试实践	二、三、四
6-2-3	讨论与交流：“图形的运动与位置”的学习难点	列举自己的教学案例，交流学生在学习“图形的运动与位置”相关知识时的学习困难，重点交流如何通过个别教学或辅导，帮助学生解决学习困难	一、二、三

3.“图形的运动与位置”的教学设计

【培训目标】

（1）能把握“图形的运动与位置”内容的教学重难点，设计合理的教学环节及问题，帮助学生理解图形的运动、图形与位置内容中的抽象概念。

（2）能设计合理的教学情境帮助学生理解图形的运动、图形与位置关系的本质意义，帮助学生建立空间观念，培养学生的几何推理能力。

（3）能采用恰当的教学方法与策略组织“图形的运动与位置”的教学，能设计合理的练习促进知识与技能的巩固。

【能力诊断】

水平	你最像下面哪一种？	自评（√）
四	在进行“图形的运动与位置”教学设计时，能深入分析教学内容在知识体系中的位置、作用、所蕴含的数学思想；能依据学生的学习基础、思维特点等，确定合理的有梯度的教学目标，调整教材内容结构、顺序或题目，设计多样的、适切的、有针对性的教学活动及变式练习，深入浅出；能运用多样的教学策略帮助学生理解知识本质，发展空间观念，领悟数学思想	
三	能深入分析图形的运动、图形与位置相关内容的联系、本质、所蕴含的数学思想；能根据学生的实际情况确定教学目标；能围绕教学目标设计多样的、适切的教学活动，帮助学生积累活动经验，发展空间观念，提高几何推理能力	

续表

水平	你最像下面哪一种？	自评（√）
二	能以教材内容及教学参考书的指导为依据，确定图形的运动、图形与位置具体内容的教学目标；能准确分析确定教学重难点；能适当调整教材，设计比较合理的教学环节及问题情境；设计的教学活动有助于帮助学生理解核心概念	
一	能根据具体教学内容制定教学目标，参照教材提供的例题和学习方法提示设计教学环节，帮助学生理解教材中例题的内容及基本概念	

【培训课程】

研修主题 17：“图形的运动与位置”的教学设计			
编号	专题	内容要点	适用水平
6-3-1	“图形的运动”教材分析及教学建议	选取几个版本的教材，对“图形的运动”内容进行教材分析，并给出合理的教学建议	一、二、三、四
6-3-2	“图形与位置”教材分析及教学建议	选取几个版本的教材，对“图形与位置”内容进行教材分析，并给出合理的教学建议	一、二、三、四
6-3-3	课例教学设计研讨分析	选取不同教师讲解的“用数对确定位置、轴对称图形”等课例进行观摩和分析，对比不同教学设计，研讨如何突破教学重难点的策略	一、二、三
6-3-4	同课异构：平移与旋转	基于不同的教学设计，讨论“图形的运动”具体教学内容的本质理解和教学策略	一、二
6-3-5	实践与反思	针对图形的运动、图形与位置的某个内容进行教学设计，并在实践中检验教学设计，修改后再实践，记录整个过程并反思	一、二、三、四

（七）数据收集、整理与表达

1. 对“数据收集、整理与表达”内容的理解

【培训目标】

（1）理解《课程标准》对收集数据、整理数据、描述数据和分析数据的具体要求，把握统计的内容结构。

（2）理解数据的随机性，体会运用数据进行表达与交流的作用，感受数据蕴含的信息。

（3）理解数据分析观念的含义及其教育价值。

【能力诊断】

水平	你最像下面哪一种？	自评（√）
四	能结合教材中的“数据收集、整理与表达”内容，理解在现实生活中有许多问题应当先做调查研究，收集数据，再通过分析做出判断；对于同样的数据可以有多种分析的方法，需要根据问题的背景选择合适的方法；理解以数据作为主要研究对象的统计内容与我们的现实生活息息相关，统计学对结果的判断标准是“好坏”，而不是“对错”；理解统计不只是一种方法和技术，还含有人们对周围世界的看法，建立数据分析观念是一位公民不可缺少的素养	
三	能结合教材的具体内容解释数据的随机性，如能理解“一方面对于同样的事情每次收集到的数据可能不同，另一方面只要有足够的数据就可能从中发现规律”，理解数据分析是统计的核心；能掌握一些基本的统计知识，对数据有很好的敏感度，明白数据中所蕴含的道理，理解这些统计数据背后的意义	
二	能根据某一版本教材列出统计内容编排结构，理解这样编排的逻辑；能依据相关的教学参考资料对教材所编排的具体课时内容进行分析解释，对核心概念的解释不限于教材给出的定义；能基于概念的本质给出说明，如对于平均数，能说明平均数作为一个统计量，不一定是实际存在的数，而是对实际数据的统计处理，表现了一组数据的平均水平	
一	知道《课程标准》对第一、二学段有关统计内容的表述，了解教材中关于统计图表的内容。例如，知道教材里有条形、折线、扇形统计图；知道平均数是一个统计量；知道分类是学生接触整理数据、描述数据的开始，也是统计的基础	

【培训课程】

研修主题 18：对“数据收集、整理与表达”内容的理解			
编号	专题	内容要点	适用水平
7-1-1	统计学的产生和发展	介绍统计学简史，包括统计实践史、统计学说史、统计学的产生和发展；了解统计学家，如德国的阿亨瓦尔，英国的辛克莱、格朗特、哈雷、高尔顿等；了解古典记录统计学、近代描述统计学、现代推断统计学的内容；了解统计学在中国的发展	一、二、三、四
7-1-2	数据统计的基本原理及方法	主要介绍数据的收集、整理、描述、判断、预测的基本原理及常用的方法；了解统计学中一些基本概念的含义，包括总体、样本、统计量、误差、概率、变量及变量值等	一、二、三、四
7-1-3	《课程标准》与教材统计内容解读	解读《课程标准》中有关统计的要求；解读数学教材中出现的有关统计的概念，如平均数、中位数、众数，统计表，条形图、折线图、扇形图	一、二
7-1-4	数据分析观念的内涵以及基本要求	理解“数据分析观念”的内涵，理解数据分析观念在统计内容学习过程中的教育价值	一、二
7-1-5	问题讨论：数据及简单数据统计过程	小学数学教材对于各类数据并没有给出明确的概念，但是在学生学习统计和概率及其他领域的知识时，会接触到大量的数据，讨论数据及简单数据统计过程的相关问题	一、二、三
7-1-6	讨论与交流：小学阶段常用的数据分析方法	讨论与交流小学阶段常用的数据分析方法，包括调查、试验、测量、查阅资料等。整理描述和分析数据的方法，包括分类、排序、图表表示、平均数等	一、二

2. “数据收集、整理与表达”的教学设计

【培训目标】

（1）能根据《课程标准》和教材合理地确定“数据收集、整理与表达”的具体课时及教学目标，能把握“数据收集、整理与表达”的教学重难点，设计合理的教学环节，运用科学的收集数据、整理数据、描述数据和分析数据的方法。

（2）能设计贴近学生生活的情境，帮助他们经历收集数据、整理数据、描述数据和分析数据的过程，以及知道对于同样的数据可以有多种收集整理的方法，需要根据问题的背景选择合适的方法，建立数据分析观念。

（3）能采用恰当的教学方法与策略组织“数据收集、整理与表达”的教学，能设计合理的问题情境或操作活动促进知识与技能的巩固。

【能力诊断】

水平	你最像下面哪一种？	自评（√）
四	能根据《课程标准》、教材及学生学习情况，对统计内容某一单元的教学进行统整设计；能基于学生学习认知的特点进行教学设计；教学方式和教学策略的选择除了激发学生学习兴趣，促进学生积极思考，还能体现出学生学习的个性化特点；所选用的习题不局限于教材，能独立设计一些习题或操作活动，帮助学生更好地建立数据分析观念	
三	能基于具体的课时目标、重难点以及学生的情况考虑教学设计，不仅能运用教材提供的数据收集、整理与分析情境，而且能根据学生的情况和当地实际生活设计一些贴近学生生活的情境，让学生在具体情境中经历收集数据、整理数据、描述数据和分析数据的过程，体会需要根据问题的背景选择合适的统计方法	
二	能准确确定“数据收集、整理与表达”教学内容具体课时的教学目标与重难点；能根据教材所给的例题内容与确定的重难点，适当调整教材所给例题的顺序；能对每个教学环节的内容进行合理设计，突破教学重难点	
一	能通过解读教材和相关的教学参考资料，确定“数据收集、整理与表达”相关内容的具体课时的教学目标；能按教材提供的例题顺序及相关练习完成一节课的教学任务	

【培训课程】

研修主题 19：“数据收集、整理与表达”的教学设计			
编号	专题	内容要点	适用水平
7-2-1	小学统计内容教学策略的选择与实施	针对有关统计的核心内容的教学，从教学设计角度提出相关的教学策略	一、二
7-2-2	小学统计内容学生学习活动的设计	基于统计表、统计图、平均数等具体内容讨论在课堂学习中学生学习活动的设计	一、二、三、四
7-2-3	小学统计内容课例分析	选三节课，一节是统计表的内容，一节是统计图的内容，一节是平均数的内容，研讨小学阶段统计内容的教学设计与策略	一、二、三
7-2-4	问题研讨：不同年级“简单数据统计”内容检测试题编制	研讨如何编制恰当的题目，测量学生对“数据收集、整理与表达”的学习效果	一、二、三、四
7-2-5	“数据的收集、整理与表达”的教学设计	根据“数据的收集、整理与表达”的重难点设计有逻辑顺序的教学环节；设计有针对性的问题帮助学生理解数据所蕴含的信息及数据的随机性；根据不同学生的发展设计具有层次性的教学活动；根据问题的背景选择合适的方法，发展学生的数据分析观念	一、二、三
7-2-6	同课异构：任选一节数据收集与整理的内容	基于不同的教学设计，讨论数据分析观念的培养和数据收集与整理内容的教学策略	一、二、三、四

（八）随机事件与可能性

1. 对“随机事件与可能性”内容的理解

【培训目标】

（1）理解《课程标准》对可能性内容的具体要求，把握随机现象的内容结构。

（2）理解随机现象，理解概率可以刻画随机现象发生的可能性的大小。

（3）理解“古典概率模型”的含义及其教育价值。

【能力诊断】

水平	你最像下面哪一种?	自评（√）
四	能用具体的例子（如摸球）解释随机事件的含意：随机事件的结果不确定，但结果出现的可能性有大有小，一个结果出现的可能性大，不能说一定会出现；概率所关注的是各种结果出现的可能性，可能性的大小用概率描述，具体的实验结果用频率描述	
三	能结合教材的具体内容解释随机现象；能用教材提供的实验例子（如抛硬币、摸球、掷骰子）说明随机事件在每一次实验中是否发生是不可预测的，但在做大量重复实验后，随机事件发生的概率会逐渐稳定在某一数值上，也就是能够理解随机事件发生概率随实验次数的增加而逐渐趋于稳定的事实，知道频率的稳定性	
二	能根据某一版本教材列出“可能性”内容编排结构，理解这样编排的逻辑；能依据相关的教学参考资料对教材所编排的具体课时内容进行分析解释，如能举出例子说明“一定”“不可能”“可能”的含义。随机事件发生的可能性有大有小，一个事件发生的可能性大小的数值是概率，可以用分数表示	
一	知道《课程标准》有关“可能性”内容的表述，了解教材中有关“可能性”的内容有哪些，安排在几年级学习；知道能用定性的方式表示可能性的大小，了解学习“可能性”这部分内容时经常用的例子是“摸球”等	

【培训课程】

研修主题 20：对小学相关的概率内容的理解			
编号	专题	内容要点	适用水平
8-1-1	概率的产生和发展	介绍概率的起源和历史，包括思想方法的产生与发展、概率内容的教育价值等	二、三、四
8-1-2	概率论的基本概念	了解概率论的基本概念，包括概率、频率、样本空间、随机事件（基本事件、复杂事件、必然事件、不可能事件）等相关内容	一、二、三

续表

编号	专题	内容要点	适用水平
8-1-3	问题研讨：概率与频率	研讨如何理解概率和频率的不同，如何理解概率与频率之间的联系	二、三、四
8-1-4	随机思想的内涵与培养	理解随机现象，理解随机思想，探讨如何培养学生的随机思想	二、三、四

2.“随机事件与可能性”的教学设计

【培训目标】

（1）能合理确定“随机事件与可能性”内容的具体课时教学目标。能把握“随机事件与可能性”内容的重难点，设计合理的教学环节及问题，帮助学生理解随机事件发生的可能性的大小。

（2）能通过实例帮助学生理解随机现象，并能设计一些实验活动让学生体验事件的不确定性及事件发生的可能性的大小。

（3）能采用恰当的教学方法与策略组织“随机事件与可能性”内容的教学，能设计合理的问题与实践活动促进学生的理解与掌握。

【能力诊断】

水平	你最像下面哪一种？	自评（√）
四	对于“随机事件与可能性”内容，不是简单地把它作为一个知识点来教学，而是能够思考怎样才能为学生提供更大的思考与探索的机会和空间；能依据《课程标准》、教材及学生学习情况，对“随机事件与可能性”内容的教学进行整体思考；能基于学生学习认知的特点来进行教学设计，创造性地使用教材或者使用教学资源，合理运用教学方法，帮助学生建立关于随机的正确观念；能引导学生用学到的“随机事件与可能性”的知识去解释生活现象，培养学生喜爱数学的情感态度	
三	在进行教学设计时能考虑到可能性大小是研究随机事件的，需要实验的验证、体验和感悟；能引导学生从生活经验中建构“可能性大小”的原始经验并进行猜想，再组织学生进行验证；能指导实验操作活动过程，并能有条不紊地进行而不是走过场，教师不仅关注学生的实验结果，更关注实验的过程，让学生经历猜测、试验、观察和合作交流的学习过程，培养学生的动手操作能力和分析能力	

续表

水平	你最像下面哪一种？	自评（√）
二	能准确确定“随机事件与可能性”教学内容具体课时的重难点；能根据教材所给的例题内容与所确定的重难点，对每个教学环节的内容进行整合设计；能适当调整教材所给例题的顺序，设计出的学生实验活动能体现教学重难点，帮助学生理解可能性大小的真正含义	
一	能通过解读教材和相关的教学参考资料，确定“随机事件与可能性”相关内容的具体课时的教学目标；参照教材所给例题和学习方法提示设计教学环节，能按所设计的教学环节及相关练习完成一节课的教学任务	

【培训课程】

研修主题 21：“随机事件与可能性”的教学设计			
编号	专题	内容要点	适用水平
8-2-1	“随机事件与可能性”内容解读	对《课程标准》有关“随机事件与可能性”内容的核心概念、课程内容设计、所举案例进行解读	一、二、三、四
8-2-2	“随机事件与可能性”内容教学建议	从统计与概率角度分析小学数学关于概率内容的教学建议	一、二
8-2-3	课例分析：可能性及可能性的大小	选两节课，一节是可能性（随机现象）的内容，另一节是可能性的大小的内容。基于不同的教学设计，讨论对可能性具体教学内容的本质理解和教学策略	一、二、三、四
8-2-4	问题研讨：“随机事件与可能性”教学中的实验问题	讨论如何处理在“随机事件与可能性”内容学习中学生摸球等实验活动和理论分析的矛盾，主要讨论小学数学课堂教学中常见的几种实验（摸球实验、抛硬币等）如何操作的问题	一、二、三、四

（九）综合与实践

“综合与实践”主题的教学设计

【培训目标】

（1）了解数学与现实世界的关系并能提出和解决实际问题。能根据不同年段学生的年龄特征和认知水平，依据学段目标，选择恰当的问题，合理组织实践活动进行教学。帮助学生体验运用所学的知识和方法解决简单问题的过程，获得初步的数学活动经验。

（2）掌握数学内容之间的关系并解决相关问题。理解数学内容在知识、问题和方法上的联系，能够综合运用“数与代数”“图形与几何”“统计与概率”领域里的知识和方法解决数学问题。

（3）能设计恰当的情境（既与所学数学知识关联，又与其他学科建立联系），解决具体情境中产生的问题，并指导学生交流反思结果与现实的关系，逐步渗透模型思想。

（4）能运用表现性评价对学生的学习情况进行评估。能结合实际情境体验发现和提出问题、分析和解决问题的过程，反思结果与现实背景的关系。

【能力诊断】

水平	你最像下面哪一种？	自评（√）
四	能根据《课程标准》、教材及学生学习情况，鼓励学生从丰富多彩的日常生活中寻找自己想参与研究的主题，并综合运用“数与代数”“图形与几何”“统计与概率”中所学的知识，进行实践活动；能引导学生用数学的眼光去发现问题、提出问题、分析问题并解决问题；在教学中注重生活的数学化，能指导学生根据研究的问题建立数学模型，反思参与活动的全过程，将研究的过程和结果进行归纳、整理，形成报告或小论文，并进行交流，进一步获得数学活动经验，促进学生应用意识、创新意识和数学建模思想的发展	
三	能从日常教学中挖掘适合自己学生特点的、可操作的内容主题，不一定选择教材中的案例，所选择的主题与内容能激发学生的问题意识和实践活动的兴趣；能让学生走出课堂，在自己所处的自然环境中收集资料，在实践中学习，学会合作交流，注重知识的整合。例如，设计“水资源的应用”活动，需要学生开展调查，运用不同领域内容的知识，综合解决问题	

续表

水平	你最像下面哪一种？	自评（√）
二	能充分结合教材中的案例，设计合理的主题活动方案；能设计出既体现教学重难点又帮助学生理解的问题进行讨论研究；能对活动中遇到的问题进行指导，鼓励学生积极参与实践活动，积累数学活动经验，使学生体会不同领域间数学知识的内在联系	
一	能按教材提供的“综合与实践”的教学内容，根据教材和有关的教学参考资料，按照讲解的方式完成“综合与实践”内容的教学任务，但只侧重关注“数与代数”“图形与几何”“统计与概率”单个领域中数学知识间的联系	

【培训课程】

研修主题 22：“综合与实践”主题的教学设计			
编号	专题	内容要点	适用水平
9-1-1	小学“综合与实践”内容解读	对《课程标准》有关“综合与实践”内容的课程内容设计、所举案例进行解读	一、二
9-1-2	关于综合与实践的教学研究	介绍国内外关于“综合与实践”内容的教学研究情况，了解“综合与实践”课程的开发与设计	一、二、三、四
9-1-3	“综合与实践”内容教材分析	选取几个版本的教材，对第一、二学段“综合与实践”内容进行教材分析，了解教材中关于“综合与实践”内容编排的结构与特色	一、二、三、四
9-1-4	“综合与实践”内容课例分析	选两节“综合与实践”课例，每个学段各一节，基于不同的教学设计，讨论“综合与实践”内容的教学策略	一、二、三、四
9-1-5	“综合与实践”内容案例的开发	基于学生及生活环境特点开发“综合与实践”内容活动案例，通过举例说明“综合与实践”的教学步骤及指导原则	三、四
9-1-6	“综合与实践”内容评价的设计	合理地运用恰当的方法评价学生，设计“综合与实践”内容的评价	二、三、四

二、初中数学教师培训目标与内容

（一）数学学科整体理解

1. 数学学科的内容与教育价值

【培训目标】

（1）了解数学学科的知识体系，理解数学的研究对象、特征与关系，了解重要的数学事件（如数学史、数学发展进程）。

（2）认识数学学科的社会价值，了解数学文化及其在相关内容中的渗透。

（3）认识数学学科的育人价值，具备正确的数学观和数学教育观。

【能力诊断】

水平	你最像下面哪一种？	自评（√）
四	掌握与本学科相关的数学内容的发展，了解一些重要内容相关的发展与事件，如有理数的表示、进位制的发展、圆的性质认识的历史进程，与整式运算相关的一些故事等，知道这些内容对学生发展的重要作用，理解数学学科的育人价值，并在教学中有所体现	
三	理解所教内容的数学本质及其来龙去脉，备课时能分析相关内容的数学本质及其来源，知道学生学习这些内容的重要意义	
二	了解所教学段的课程标准和教材内容，备课时一般会考虑相关内容之间的前后联系，把握所教的内容，能选择与所教内容相关的具体的生活情境在教学中呈现	
一	对所教单元的教材内容比较熟悉，了解这些内容，并能在教学中把握教材呈现的内容	

【培训课程】

研修主题 1：初中教师对数学学科内容与教育价值的理解			
编号	专题	内容要点	适用水平
1-1-1	初等数学专题研究	分析初中数学核心内容，适当借助相关的高等数学内容与方法，包括数与式、运算的规则与方法、符号的理解与方程、几何图形的特征与求积、统计与概率的基本问题	一、二、三
1-1-2	高观点下的初等数学	用高等数学的观点介绍和研究初中数学核心内容及其方法，包括数与式的起源与发展、运算的规则与方法原理、符号的理解与方程、几何图形的特征与求积、统计与概率的基本问题	三、四
1-1-3	数学前沿问题专题研究	介绍 20 世纪以来数学研究的重大问题，数学领域的重要难题，以及计算机科学和信息技术对数学的影响等	一、二、三、四
1-1-4	初中数学的学科价值分析	分析初中数学核心内容的学科价值，如分析数的认识、数与式的运算、图形的证明、图形的测量等核心内容的学科本质与学科价值，能用相关的典型案例进行说明，能分析核心内容的育人价值	一、二
1-1-5	数学的学习与学生发展	阐述和分析数学学科学习对于促进学生发展的作用，并进行重点问题的案例分析	一、二
1-1-6	讨论如何在教学内容中体现数学价值	对初中数学中的核心内容如何在教学中体现数学价值进行理论分析和案例解读	一、二、三

2. 数学课程的理念与数学学科核心素养

【培训目标】

（1）理解义务教育数学课程的性质与基本理念。

（2）理解数学课程的总体目标与数学学科核心素养。

（3）了解义务教育数学课程的内容结构，掌握本学段课程的内容设置。

【能力诊断】

水平	你最像下面哪一种？	自评（√）
四	在数学教学中注重体现“四基”，并关注数学学科核心素养的培养	
三	在设计和组织数学教学时，既关注学生对所学内容的理解和掌握，又关注学生的长远发展	
二	了解学生学习数学不仅可以增长他们的知识与技能，而且对于学生的发展有重要作用，如学生的思维发展、学生认识世界和认识科学的态度	
一	知道学生学习数学是为了将来学习和更好生活打基础，数学的基础知识与技能对学生进一步学习和将来的生活都是重要的	

【培训课程】

研修主题 2：对义务教育数学课程理念与核心素养的理解			
编号	专题	内容要点	适用水平
1-2-1	数学课程的基本理念	对《课程标准》中阐述的数学课程的五大基本理念进行解读和案例分析	一、二
1-2-2	数学课程中的核心素养	认识学生发展核心素养与数学学科核心素养的价值，对数学学科核心素养的理解及相关案例	二、三、四
1-2-3	初中数学教学案例分析	选择 3~5 个典型案例，对初中数学教学如何体现核心素养进行案例分析	一、二、三
1-2-4	问题研讨：教学中如何体现数学课程的基本理念	选择 3~5 个典型案例，对初中数学教学如何体现数学课程的基本理念进行案例分析	二、三、四

3. 数学教学的设计、实施与评价

【培训目标】

（1）掌握数学教学设计的基本要素。

（2）掌握数学教学活动的主要方式。

（3）熟悉本学段学生数学学习的基本特征。

（4）了解并能运用数学评价的基本理念与方式。

【能力诊断】

水平	你最像下面哪一种？	自评（√）
四	能准确把握相关内容的数学本质，了解学生学习时存在的问题和可能会遇到的困难，选择合理的教学方式引导学生理解和掌握，采用恰当的方法进行评价	
三	能根据具体内容的特点，选择合适的教学方式组织教学，如在基本概念教学时创设情境引导学生发现，在难点之处鼓励学生探究	
二	了解课堂教学的一些基本方法，如启发式教学、合作教学、探究式教学等，并能在教学中选择运用	
一	知道备课和上课应把握课堂教学的教学目标、教学内容、教学方法和教学评价等一些基本要素	

【培训课程】

研修主题3：初中数学教学设计的基本模式与方法			
编号	专题	内容要点	适用水平
1-3-1	初中数学教学设计的基本问题	初中数学教学设计的基本要素、模式，初中数学教学设计常见问题解析	一、二、三
1-3-2	初中数学教学方法与策略的改革	初中数学常用的教学方法、策略及案例分析	一、二、三
1-3-3	初中数学教学设计与方法的创新	初中数学教学设计与方法的创新及案例分析	三、四
1-3-4	初中数学测量与评价的方法	初中数学测量与评价的基本方法及运用	一、二、三
1-3-5	初中数学测量与评价的改革	初中数学测量与评价的改革进展及典型案例	三、四
1-3-6	初中数学教学设计的常见问题解析	初中数学教学设计的常见问题解析	一、二

续表

编号	专题	内容要点	适用水平
1-3-7	初中数学核心内容典型案例	选 3~5 个初中数学核心内容的典型案例进行分析	二、三、四
1-3-8	讨论与交流：名师教学设计	针对名师教学设计案例进行讨论与交流	二、三、四

（二）数与符号的认识

1. 对“数与符号”内容的理解

【培训目标】

（1）理解《课程标准》对第三学段“数与符号”的要求，把握知识的主线，知道该主题在不同学段的具体课程内容，理解教材相关内容的表述及编写意图。

（2）理解数和代数式的意义与表达，理解数、数集之间的内在关系，进一步感悟数的扩充；理解从数到符号表达的抽象过程与意义，掌握符号表达的一般性；进一步理解“符号意识”的内涵与教学价值。

【能力诊断】

水平	你最像下面哪一种？	自评（√）
四	能结合教材中“数与符号”的内容，理解《课程标准》对符号意识的要求，理解符号是数学语言，是人们进行表示、计算、推理、交流和解决问题的工具；理解在具体情境中可以抽象出数量关系和变化规律，并运用符号表示；知道使用符号可以进行运算和推理，使得到的结论具有一般性。建立符号意识有助于学生理解符号的使用是数学表达和进行数学思考的重要形式；符号是人们分析问题、解决问题的一种思维方式，建立符号意识是数学学科核心素养之一	
三	能结合教材的具体内容解释符号意识。例如，理解并且运用符号表示数、数量关系和变化规律；理解符号所代表的数量关系和变化规律；会进行符号间的转换；能选择适当的程序和方法解决用符号所表示的问题	

续表

水平	你最像下面哪一种？	自评（√）
二	能依据某一版本教材列出“数与符号”内容的结构；能参照相关的教学参考资料对教材的具体内容进行分析解释，对核心概念的解释不限于教材给出的定义；能说明用字母表示数是学生认识数的一次飞跃	
一	了解初中“数与符号”的教学内容，了解教材中关于“数与符号”的内容大致有哪些。例如，知道教材里有实数、代数式、方程（组）、不等式（组）；知道数的大小与运算；知道代数式及其运算意义；知道方程（组）与不等式（组）	

【培训课程】

研修主题 4：初中阶段“数与符号”内容的理解			
编号	专题	内容要点	适用水平
2-1-1	《课程标准》解读：初中“数与符号”内容	分析“数与符号”核心内容，主要包括实数、代数式、方程（组）、不等式（组）。解析数的大小与运算、代数式及其运算、方程（组）与不等式（组）等内容	一、二、三
2-1-2	数的产生与发展	介绍数的本质，数的抽象过程分析，数的性质及其发展历程，实数理论的建立	一、二、三、四
2-1-3	问题研讨：如何比较数的大小	研讨如何使学生掌握数的大小比较方法，如何使学生感悟数的大小差别	一、二
2-1-4	符号意识的培养	介绍符号意识，分析培养学生符号意识的关键点有哪些	一、二
2-1-5	案例分析：实数的认识	讨论对实数的本质的认识与教学把握	一、二、三
2-1-6	数感的培养	讨论如何理解数感，如何培养学生的数感	一、二

2. 学生关于“数与符号”的理解与困惑

【培训目标】

（1）能把握学生“数与符号”抽象与表达过程的问题，包括学生学习“数与符号”的已有知识基础。

（2）了解学生对“数与符号”认识的抽象思维水平。

（3）能分析学生学习“数与符号”的困难及其原因。

【能力诊断】

水平	你最像下面哪一种？	自评（√）
四	非常熟悉学生理解“数与符号”的抽象过程，掌握学生学习“数与符号”的认知规律，能根据学生在学习“数与符号”时出现的错误，分析学生的认知困难及思维过程，并能有效地进行干预引导	
三	熟悉与学生认识“数与符号”知识体系相关的心理学知识，能分析学生在学习“数与符号”时产生的困难。例如，在无理数教学中，学生简单背诵无理数的概念是很容易的，但真正理解却很难。主要难点有两处：一是什么样的情形是无限；二是怎样的情形才能不循环	
二	比较熟悉学生已有的“数与符号”知识储备以及对后续学习的作用。能根据教学经验比较全面地列举学生在学习“数与符号”时可能出现的常见错误并合理分类。例如，在无理数教学中，学生的常见错误有三类：一是学生误认为带根号的数就是无理数；二是学生误认为表面除不尽的分数为无理数；三是学生误认为含有 3.14 的数为无理数	
一	基本了解学生已有的“数与符号”知识储备，但对学生在学习“数与符号”时可能出现的错误不甚明了，能凭经验简单罗列学生的错误。例如，在无理数教学中，只知道学生的常见错误是误认为带根号的数就是无理数	

【培训课程】

研修主题 5：学生关于“数与符号”的理解与困惑			
编号	专题	内容要点	适用水平
2-2-1	“数与符号”内容的学习心理	介绍学生数学学习的一般认知过程、特殊认知过程，学生数学思维及其规律；讲解如何培养学生的数感、符号意识、运算能力、模型思想及应用意识	一、二、三、四
2-2-2	学生学习“数与符号”的典型困难解析	展示学生学习“数与符号”的典型问题，结合教师的教学经验，交流学生学习“数与符号”的典型困难，分析困难的发现过程、产生原因及解决策略。如何通过中考及日常测试的评价研究，科学刻画学生在“数与符号”学习中的认知难点，有效改进日常的教学	一、二、三、四
2-2-3	讨论与交流：如何进行“数与符号”的学情分析	阐述“数与符号”学情分析的过程与方法，结合教师的教学经验，交流学情分析有哪些要点、怎样做“数与符号”内容的学情分析等问题，针对具体的教学内容，设计学情分析的过程，并尝试实践	二、三、四
2-2-4	讨论与交流：如何针对学生“数与符号”的学习困难进行个别化教学	列举典型的教学案例，交流学生在“数与符号”相关知识学习中的学习困难，重点交流如何通过个别教学或辅导，帮助学生解决学习困难	一、二、三

3.“数与符号”的教学设计

【培训目标】

（1）能合理确定“数与符号”的单元与课时教学目标，目标体现知识技能、过程方法、数学思考及情感态度等多个维度，能把握“数与符号”的教学重难点。

（2）能设计合理的教学情境和环节帮助学生理解“数与符号”的抽象过程，以及“数与符号”和现实生活的联系，进一步深化符号意识。

（3）能采用恰当的教学方法与策略组织“数与符号”的教学，能设计合理的练习促进知识与技能的巩固。

【能力诊断】

水平	你最像下面哪一种？	自评（√）
四	能根据相关的知识与原理确定“数与符号”内容的教学目标与重难点；会进行“数与符号”内容的学情分析，并基于学生学习的特点来进行教学设计。例如，在无理数教学中，学生对无理数的大小认知是一个难点，教师要结合学生熟悉的情境，引导学生经历无理数大小估算的过程，从而有效突破学生认知的难点。能对“数与符号”内容某一单元的教学进行整体设计，选择恰当的教学方式和教学策略体现学生学习的个性化特点；能独立设计体现本单元数学知识本质的生活情境或数学问题，独立编写有层次的例习题，帮助学生更好地建立数感与符号意识	
三	能基于《课程标准》、教材和学生学习情况，确定教学目标与重难点；能分析一节课具体的课时目标、重难点及学生的情况，进行整体教学设计，合理使用教材提供的“数与符号”情境，并能设计一些贴近学生学习与生活的情境，合理增设例习题，让学生经历“数与符号”的学习过程	
二	能根据相关资料与教学经验确定“数与符号”教学内容具体课时的重难点；能依据教材所给的例题内容与确定的重难点，对每个教学环节的内容进行适当的整合设计，合理安排例习题的顺序；能设计出既体现教学重难点又帮助学生理解的问题情境	
一	能通过解读教材和相关的教学参考资料，确定“数与符号”相关内容的具体课时的教学目标；能按教材提供的例题顺序及相关练习完成一节课的教学任务	

【培训课程】

研修主题 6：“数与符号”的教学设计			
编号	专题	内容要点	适用水平
2-3-1	《课程标准》解读：初中“数与符号”内容	对《课程标准》中有关“数与符号”的课程内容设计、所举案例进行解读	一、二

续表

编号	专题	内容要点	适用水平
2-3-2	初中“数与符号”内容教学设计	“数与符号”的核心内容，如有理数、实数、代数式等内容的教学设计与案例分析	一、二
2-3-3	有理数与代数式课例分析	选有理数与代数式的典型案例，分析初中阶段“数与符号”的教学设计与教学策略	一、二
2-3-4	问题研讨：“数与符号”内容的评价研究	编制“数与符号”内容的测试题目，分析不同层次测验（包括平时测验，中考等）中“数与符号”内容的题目，研讨“数与符号”测验的多样化	一、二、三、四
2-3-5	同课异构：“数与符号”的教学设计	基于不同的教学设计，展示与讨论对“数与符号”具体教学内容的本质理解和教学策略	一、二、三
2-3-6	教学反思：无理数内容的教学策略	反思自己对无理数内容的教学理解与策略	一、二
2-3-7	教学成果凝练：对初中“数与符号”教学经验总结	基于对初中“数与符号”的教学体验，指导教师整理出有借鉴价值的学科教学成果	一、二

（三）数与式的运算

1. 对“数与式的运算”内容的理解

【培训目标】

（1）理解《课程标准》对“数与式的运算”的整体要求，把握知识的主线，理解教材相关内容的表述及教材与《课程标准》之间的关系。

（2）理解运算的法则和通性通法的重要性，理解运算之间的关系；理解“运算能力”和“推理能力”的含义，并知道如何在培养学生的运算能力的同时培养学生的推理能力。

【能力诊断】

水平	你最像下面哪一种?	自评（√）
四	能针对“数与式的运算”内容，理解《课程标准》关于运算能力是能够根据法则和运算律进行正确运算的能力要求。理解运算是解决数学问题的基本方式，运算能力是学生必备的最基本的数学学科核心素养	
三	能结合教材的具体内容解释运算的算理，对运算法则与运算律的解释不限于教材给出的定义，还能说明规定的合理性。根据具体内容，能分清运算条件，合理选择运算方法和运算律，有效设计运算步骤，尽可能简洁地获得运算结果。例如，二次根式的运算，首先应当使学生明确开平方是平方的逆运算，其次体会二次根式运算法则的合理性，最后实现程序化的操作	
二	能依据某一版本教材列出“数与式的运算”内容的结构；能依据相关的教学参考资料对教材的具体内容进行分析解释。如分式的运算是类比分数的运算，突出数与式通性的认识；分数与分式是具体与抽象、特殊与一般的关系，分式是把具体的分数一般化后的抽象形式	
一	了解初中阶段“数与式的运算”的教学内容，知道《课程标准》对第三学段有关“数与式的运算”内容的表述；了解教材中关于“数与式的运算”的内容大致有哪些，如知道教材中有实数的运算，整式、分式、二次根式的运算，方程（组）的解法，不等式（组）的解法	

【培训课程】

研修主题 7：初中阶段对“数与式的运算”内容的理解			
编号	专题	内容要点	适用水平
3-1-1	对“数与式的运算”内容的本质理解	分析“数与式的运算”核心内容，主要包括数的运算，式的运算，方程与方程组、不等式与不等式组的求解运算等内容	一、二、三
3-1-2	数的运算与扩张	介绍加法、乘法、减法和除法法则的抽象过程，以及算术与代数的关系，体会运算法则的合理性	一、二、三、四

续表

编号	专题	内容要点	适用水平
3-1-3	问题研讨：解方程教学中的消元与降次思想	研讨解方程的基本思路及其价值是什么，如何使学生学会运用恰当的策略与方法解方程，如何在解方程中培养学生的数学思考	一、二
3-1-4	问题研讨：运算能力的培养，乘法公式的教学	理解与把握运算能力，讨论培养学生运算能力的关键点有哪些。讨论乘法公式的教学规律以及在教学要求中如何界定与把握	一、二
3-1-5	讨论与交流：如何在日常教学中渗透“数与式的运算”的通性通法	理解“数与式的运算”的通性通法，培养学生从特殊到一般的思考方式以及类比的学习方法	一、二、三

2. 学生关于“数与式的运算”内容的理解与典型错误

【培训目标】

（1）了解学生学习“数与式的运算”内容的已有知识基础。

（2）了解学生对“数与式的运算”的思维水平，能分析学生学习“数与式的运算”的困难及其原因。

（3）知道学生学习“数与式的运算”的典型错误及产生错误的原因。

【能力诊断】

水平	你最像下面哪一种？	自评（√）
四	非常熟悉学生对“数与式的运算”内容的理解情况，掌握学生学习“数与式的运算”的认知规律；能根据学生学习“数与式的运算”出现的错误，分析学生的认知困难及思维过程，并能有效地干预引导	
三	比较熟悉学生对于“数与式的运算”知识体系的把握情况，能借助心理学知识分析学生学习“数与式的运算”时容易产生的困难。例如，在乘法公式的教学中，学生简单背诵公式很容易，但合理选择公式并正确运算却很难。主要难点有两处：一是不能准确掌握公式的结构特征，不能发现公式；二是不能正确使用公式，在套用公式的过程中出现符号、漏乘等计算错误	

续表

水平	你最像下面哪一种？	自评（√）
二	了解学生已有的“数与式的运算”知识储备及其对后续学习的作用。能根据教学经验列举学生在学习“数与式的运算”时可能出现的常见错误并合理分类。例如，在一元一次方程的解法教学中，学生的常见错误有四类：一是去分母漏乘不含分母的项；二是去括号漏乘；三是移项不变号；四是系数化为 1 出错	
一	初步了解学生已有的“数与式的运算”知识储备，但对学生在学习“数与式的运算”时可能出现的错误不甚明了，能凭经验列出学生的错误。例如，在一元一次方程的解法教学中，只知道常见错误是学生移项不变号	

【培训课程】

研修主题 8：学生关于“数与式的运算”的理解与典型错误			
编号	专题	内容要点	适用水平
3-2-1	“数与式的运算”内容相关的学习心理	介绍数学学习的一般认知过程、学生学习“数与式的运算”的认知过程与思维特点。经典的学习研究，如波利亚的著作《怎样解题》中关于“数与式的运算”的研究；学生数感、符号意识、运算能力、模型思想及应用意识的培养	一、二、三、四
3-2-2	学生学习“数与式的运算”的典型困难解析	展示学生学习“数与式的运算”的典型问题，结合教师的教学经验，交流学生学习“数与式的运算”的典型困难，分析困难的发现过程、产生原因及解决策略。探讨如何通过中考及日常测试的评价研究，科学刻画学生“数与式的运算”学习中的认知难点，有效改进日常教学	一、二、三、四
3-2-3	问题研讨：如何进行“数与式的运算”的学情分析	阐述“数与式的运算”学情分析的过程与方法，结合教师的教学经验，交流怎样做“数与式的运算”的学情分析，针对具体的教学内容设计学情分析的过程，并尝试实践	二、三、四

续表

编号	专题	内容要点	适用水平
3-2-4	讨论与交流：如何针对学生“数与式的运算”的学习困难进行个别化教学	列举典型教学案例，交流学生在“数与式的运算”相关知识学习中的困难，重点交流如何通过个别教学或辅导帮助学生解决学习困难	一、二、三

3.“数与式的运算”的教学设计

【培训目标】

（1）能合理确定“数与式的运算”的单元与课时教学目标；能把握运算与程式化的重难点，设计合理的教学环节及问题，帮助学生理解运算的算理。

（2）能设计合理的教学情境帮助学生理解运算的算理和运算律，提高运算的准确性，帮助学生形成运算技能，提升学生推理能力，感悟程式化思想。

（3）能采用恰当的教学方法与策略组织运算与程式化的教学；能设计合理的练习促进学生知识与技能的巩固。

【能力诊断】

水平	你最像下面哪一种？	自评（√）
四	能根据数学知识本质、学生学习认知规律、教学设计原理准确确定教学目标与重难点；能基于学生认知特点进行教学设计，特别是能在备课时做好预设。例如，在有理数乘法的教学中，学生理解两数相乘“负负得正”的规定有困难，教师就应当结合学生熟悉的生活情境或数学活动，引导学生经历“负负得正”的推理过程，从而有效突破学生学习中的难点；能统筹设计“数与式的运算”内容的教学，教学方式和教学策略的选择既要激发学生学习兴趣、促进学生积极思考，又要兼顾学生学习的个性化特点；能独立编写恰当的例题和习题，帮助学生提高运算能力	
三	能基于《课程标准》、教材及学生学习情况，准确确定教学目标与重难点。能基于一节课具体的课时目标、重难点及学生的情况整体考虑教学设计，合理使用教材提供的“数与式的运算”情境，并能设计一些贴近学生学习与生活的情境，合理增设例题和习题，让学生经历“数与式的运算”的学习过程	

续表

水平	你最像下面哪一种？	自评（√）
二	能根据相关资料与教学经验确定出“数与式的运算”具体内容教学的重难点；能根据重难点和教材所给的例题，对每个教学环节的内容进行适当的整合设计，合理安排例题和习题的顺序，设计出既体现教学重难点又帮助学生理解的问题情境	
一	能通过解读教材和相关的教学参考资料，确定“数与式的运算”相关内容具体课时的教学目标；能按教材提供的例题顺序及相关练习完成一节课的教学任务	

【培训课程】

研修主题 9：“数与式的运算”的教学设计			
编号	专题	内容要点	适用水平
3-3-1	《课程标准》解读：初中“数与式的运算”内容	对《课程标准》中第三学段有关“数与式的运算”内容的课程内容设计、所举案例进行解读	一、二
3-3-2	初中“数与式的运算”的教学设计	“数与式的运算”的核心内容，如常见的数的运算，式的运算，方程与方程组、不等式与不等式组的求解运算等内容的教学设计与案例分析	一、二
3-3-3	“数与式的运算”课例分析	选知名教师的“二元一次方程组的解法”和“有理数的乘法与平方差公式”的课例，探讨解方程的教学设计与教学策略	一、二、三
3-3-4	问题研讨：“数与式的运算”内容的评价研究	编制“数与式的运算”的测试题目，分析不同层次测验（包括平时测验、中考等）中有关“数与式的运算”内容的题目，研讨“数与式的运算”测验的多样化	一、二
3-3-5	同课异构：“数与式的运算”的教学设计	基于不同的教学设计，展示与讨论对“数与式的运算”具体教学内容的本质理解和教学策略	一、二、三、四
3-3-6	教学反思：分式的加减法内容的教学策略	反思自己对分式的加减法内容的教学理解与策略	一、二、三

（四）数量关系

1. 对“数量关系”内容的理解

【培训目标】

（1）理解《课程标准》对“数量关系”的整体要求，把握知识的主线；理解教材相关内容的表述及教材与《课程标准》之间的关系。

（2）理解数量关系并用代数式进行表示，能够用方程、不等式、函数等概念合理地进行数学表达，解释现实世界中的数量关系；理解模型思想与应用意识的含义及其教育价值。

【能力诊断】

水平	你最像下面哪一种？	自评（√）
四	能针对“数量关系”内容，理解建立模型思想是学生体会和理解数学与外部世界联系的基本途径；建立模型思想有利于提高学生学习数学的兴趣，有利于学生数学学科核心素养的提升，如模型思想、符号意识、几何直观、数学应用意识	
三	能结合教材的具体内容掌握建立和求解模型的过程：从现实生活或具体情境中抽象出数学问题，用数学符号建立方程、不等式、函数等表示数学问题中的数量关系和变化规律，求出结果并讨论结果的意义	
二	能列出某一版本教材“数量关系”内容结构；能运用相关的教学参考资料对教材的具体内容进行分析解释，对核心概念的解释不限于教材给出的定义；能基于概念的本质给出说明，如对于函数概念的教学，不限于形式上的定义，还关注其本质变化与对应的思想的渗透，理解函数就是通过数或形定量地描述变量之间的对应关系的数学工具	
一	了解初中阶段“数量关系”的教学内容，知道《课程标准》对第三学段有关“数量关系”内容的表述；了解教材中有关“数量关系”的内容大致有哪些，如知道教材里有和、差、倍、分关系，运算关系，等式与不等式关系，函数关系	

【培训课程】

研修主题 10：初中阶段“数量关系”的理解			
编号	专题	内容要点	适用水平
4–1–1	对“数量关系”内容的本质理解	分析“数量关系”的核心内容，理解有关式、方程与不等式、变量与函数等内容的本质与发展	一、二、三
4–1–2	初中数学中的模型与模型思想	理解模型的含义。介绍总量模型（加法模型）、乘法模型（总价 = 单价 × 数量、路程 = 速度 × 时间）、方程模型、函数模型。探讨如何培养学生的模型思想	一、二、三、四
4–1–3	关于问题解决的研究	介绍国内外有关问题解决的相关研究与教学案例，尤其是列方程解决实际问题、对函数的认识等问题的研究	一、二、三
4–1–4	讨论与交流：应用意识的培养	基于初中阶段“数量关系”内容，探讨如何理解数学应用意识，如何培养学生的数学应用意识和能力	一、二

2.“数量关系”的教学设计

【培训目标】

（1）能准确确定“数量关系”的单元与课时教学目标，能准确把握“数量关系”的重难点，并设计适当的教学方法突破重难点。

（2）能设计合适的教学情境将数量关系与现实世界紧密联系，增强数学的现实意义，提高数学应用意识。

（3）能采用恰当的教学方法和教学策略组织“数量关系”的教学，有效地安排练习，巩固提升应用“数量关系”解决问题的能力。

【能力诊断】

水平	你最像下面哪一种？	自评（√）
四	能根据相关的知识和原理准确确定“数量关系”内容的教学目标与重难点，会进行“数量关系”内容的学情分析，能基于学生学习的特点来进行教学设计。例如，在函数概念教学中，结合学生熟悉的现实情境或数学活动，从具体到抽象，深入浅出，有意识地揭示函数的本质，逐步深化学生对函数思想的认识。对“数量关系”内容的教学进行整体设计，采取有效的教学方式和教学策略，激发学生学习兴趣，促进学生积极思考，体现学生学习的个性化特点。能独立设计体现本单元数学知识本质的生活情境或数学问题，独立编写有层次的例题和习题，帮助学生提高运算能力	
三	能基于《课程标准》、教材及学生学习情况，准确确定教学目标与重难点。基于一节课具体的课时目标、重难点及学生的情况整体考虑教学设计，合理使用教材提供的数量关系的情境，并能设计一些贴近学生学习与生活的情境，合理增设例题和习题，让学生经历对数量关系的学习过程	
二	能根据相关资料与教学经验确定数量关系与问题解决教学内容具体课时的重难点；能运用教材中的例题内容与确定的重难点，对每个教学环节的内容进行适当的整合设计，安排例题和习题的顺序，设计出的问题情境既能体现教学重难点，又能帮助学生理解	
一	能运用教材和相关的教学参考资料，确定数量关系与问题解决相关内容的具体课时的教学目标；能按教材提供的例题顺序及相关练习完成一节课的教学任务	

【培训课程】

研修主题 11：“数量关系”的教学设计			
编号	专题	内容要点	适用水平
4-2-1	《课程标准》解读：初中“数量关系”内容	解读《课程标准》中有关“数量关系”的课程内容设计、所举案例，并对相关概念原理进行延伸	一、二

续表

编号	专题	内容要点	适用水平
4-2-2	课例分析：初中“数量关系”的教学设计	选择“方程、一次函数和一元一次方程的应用”内容的典型案例进行深入分析，探讨“数量关系”教学设计的问题	一、二、三
4-2-3	问题研讨：“数量关系”内容的评价	编制恰当的题目测量“数量关系”内容的学习效果，编制和分析与中考相关的问题及组卷，了解“数量关系”内容评价的改革动向	一、二、三、四
4-2-4	专题研究：如何设计合理的情境理解数量关系	设计合理的教学情境帮助学生理解数量关系的数学表达，用合理的数学表达解释现实世界的数量关系，掌握模型思想	一、二、三
4-2-5	同课异构：“数量关系”教学设计与实施	基于不同的教学设计，讨论对数量关系具体教学内容的本质理解和教学策略，对自己的教学设计进行反思	一、二
4 2 6	教学成果凝练：初中“数量关系”教学经验总结	基于对初中“数量关系”内容的教学体验，指导教师整理出有借鉴价值的学科教学成果	三、四

（五）图形的认识与度量

1. 对“图形的认识与度量”内容的理解

【培训目标】

（1）理解《课程标准》对“图形的认识与度量”的整体要求，把握知识的主线，理解教材相关内容的表述及教材与《课程标准》之间的关系。

（2）理解对图形性质的认识过程，理解度量的单位与度量值，了解度量的本质是“比”。

（3）理解几何直观和空间想象力在学习图形与几何中的作用，理解推理的逻辑性，理解“公理化思想”含义及其教育价值。

【能力诊断】

水平	你最像下面哪一种？	自评（√）
四	熟悉《课程标准》对“图形的认识与度量”内容的相关要求，能对教材中的相关内容做合理调整，清楚“图形的认识与度量”各部分知识的联系及其教育价值；能合理利用几何直观帮助学生理解，并对空间想象力提出不同的要求。例如，通过三角形内角和、多边形内角和与外角和的学习，知道三角形内角和定理在学习多边形内角和与外角和中的作用	
三	能根据《课程标准》对“图形的认识与度量”知识的相关要求确定知识应用范围和难度的要求；能列出某一版本教材中关于“图形的认识与度量”内容的组织结构；能关注到“图形的认识与度量”知识探究中含有的数学方法和有利于能力培养的素材。如根据《课程标准》的要求“探索并证明三角形的内角和定理。掌握多边形内角和与外角和公式”，知道新知识是多边形内角和与外角和，三角形的内角和定理应该给出逻辑证明，掌握三角形内角和定理的多种证明方法，并能指出这些证明方法的联系	
二	知道“图形的认识与度量”内容在某一版本教材中的组织结构，能够确定“图形的认识与度量”相关内容的课时分配。如知道可利用三角形内角和探究多边形内角和；知道在探究多边形内角和时让学生分割图形并观察分割后的图形，并在此基础上发表见解	
一	知道《课程标准》对“图形的认识与度量”内容的目标要求，知道教材中相关的内容；知道图形认识与度量的基本方法	

【培训课程】

研修主题 12：对“图形的认识与度量”内容的理解			
编号	专题	内容要点	适用水平
5-1-1	对“图形的认识与度量”内容的理解	梳理“图形的认识与度量”的目标与要求、知识主线、教材内容表述形式、图形的分类，分析图形的性质和度量中蕴含的逻辑关系，解读几何直观和空间想象在图形认识中的作用与教育价值	一、二、三

续表

编号	专题	内容要点	适用水平
5-1-2	度量相关概念解析	主要介绍度量思想、误差、极限思想、转化思想等图形测量中常见的数学思想方法，明确数学思想的内涵及其在知识内容中的具体体现	三、四
5-1-3	“图形的认识与度量”内容的拓展	介绍生活中的立体图形与平面图形、图形的抽象与哥尼思堡七桥问题、欧拉公式与多面体、折纸与立体图形、尺规作图与化圆为方、“图形的认识与度量”的数学思想、合情推理与演绎推理、几何直观	四
5-1-4	初中数学教材“图形认识与度量”内容解析	对初中数学教材中出现的有关图形的概念、定理进行解读，分析教材编排体系，探讨教材中例题、习题的作用	一、二
5-1-5	空间观念与几何直观的内涵以及培养方法	结合对空间观念、几何直观的界定，分析内涵，讨论在教学实践中如何培养学生的空间观念及用几何直观解决问题	二、三
5-1-6	几何画板操作方法与实践	介绍几何画板的基本功能，几何画板的画图原理、图形变换、自由点在画图中的使用，用几何画板绘制试题用图，用几何画板探究解题方法，几何画板与学科教学的整合，几何画板在培养学生空间观念中的作用	一、二、三
5-1-7	“图形的认识与度量”的探究方法分析	讨论交流初中阶段对“图形的认识与度量”的探究方法。如三角形三边关系、三角形内角和、等腰三角形性质、三角形中位线定理、三角形全等的判定、平行四边形的性质和判定、圆周角度量定理、切线的判定等的探究方法	一、二

2. 学生关于“图形的认识与度量”的理解特征

【培训目标】

（1）了解学生学习“图形的认识与度量”的已有基础。

（2）了解学生的思维水平和特征，能分析学生学习“图形的认识与度量”的困难及其原因。

（3）知道学生学习“图形的认识与度量”的典型错误及产生错误的原因。

【能力诊断】

水平	你最像下面哪一种？	自评（√）
四	清楚学生对“图形的认识与度量”各阶段知识的掌握情况，清楚学生在学习“图形的认识与度量”中出现的学习困难与典型错误，并有相应的解决策略。如学习“三角形内角和”时，清楚学生在小学通过拼图认识三角形内角和等于 180°，但没有对三角形内角和进行严格的证明；知道学生对三角形内角和定理的证明方法的发现有困难，书写推理过程有难度；能引导学生在小学拼图的基础上发现证明方法，并借助转化的数学思想理清证明过程	
三	能根据学生的基础和新课所需知识设计有针对性的复习内容，能根据学生的年龄和学习经历确定他们的思维习惯和学习习惯，并能预测新课学习过程中可能出现的问题，特别是学习新课易出现的典型错误与原因。如学习“三角形内角和”时，设计平行线性质、三角形三个内角拼成的角的度数是多少等问题进行复习；利用拼图发现三角形内角和定理的证明方法，明白三角形内角和定理的证明方法的实质是找到 180° 角或角之和为 180° 进行转化；清楚学生的典型错误是用拼图替代证明、随意增加条件、将看到的图形特征当作条件使用；理解出现这些错误的主要原因是学生对证明不够理解	
二	在备课时，清楚学生已经掌握了哪些与新课有关的知识，了解学生在列式计算、推理等方面可能会存在什么问题；能确定学生学习新知识所面临的困难；能预测学生可能出现的错误。如对于学习“三角形内角和”，清楚学生不知道定理需要证明，对证明的作用还不够理解，证明过程不知道写辅助线引法，证明过程逻辑不准确，经常出现不写条件而直接写结论的错误	
一	在备课时，基本知道学生已学过的知识与新知识有关的主要部分，但对于学生的理解能力不清楚，不确定初中生可能出现的困难。如对于学习“三角形内角和”，知道学生能进行角度和、差计算，掌握平行线的判定方法与性质，学生知道三角形内角和，但不确定学生的学习难点是发现三角形内角和定理证明方法，还是规范地书写证明过程	

【培训课程】

研修主题13：学生关于“图形的认识与度量”的理解特征			
编号	专题	内容要点	适用水平
5-2-1	与“图形的认识与度量”学习相关的数学学习心理	介绍学生应具有的图形知识储备，学生在图形分类、图形性质推导及度量探究中存在的主要问题，学生学习“图形的认识与度量”的思维特征，学生推理学习的困难与解决策略	一、二
5-2-2	“图形的认识与度量”的学情分析	分析学生已有的“图形的认识与度量”知识，学生常用的学习方式，学生学习“图形的认识与度量”的具体困难、成因及典型错误	一、二、三
5-2-3	学生“图形的认识与度量”学习中的问题	通过对中考及日常测试的评价研究，科学刻画学生学习“图形的认识与度量”的认知难点，有效改进日常的教学	一、二、三
5-2-4	讨论交流：如何根据学生“图形的认识与度量”相关知识的学习困难进行个别辅导及补救教学	列举自己教学中的案例，交流学生学习“图形的认识与度量”相关知识的困难，重点交流如何通过个别教学或辅导，帮助学生解决学习困难	二、三、四

3.“图形的认识与度量”的教学设计

【培训目标】

（1）能合理确定“图形的认识与度量”的单元与课时教学目标，能准确把握“图形的认识与度量”的重难点，设计适当的教学过程突破教学难点。

（2）能设计合理的教学情境帮助学生理解“图形的认识与度量”的本质，理解图形的认识与度量和现实生活的联系，培养学生的几何直观与空间观念。

（3）能采用恰当的教学方法和教学策略组织“图形的认识与度量”的教学，有效地安排练习巩固图形与几何知识。

【能力诊断】

水平	你最像下面哪一种？	自评（√）
四	在确定教学目标时能考虑到学习内容在整个知识体系中的作用，能基于学生学习认知的特点来进行教学设计，选择的教学方法与教学策略既能激发学生学习兴趣，促进学生积极思考，还能体现出学生的个性化学习，所选用的习题不局限于教材，能独立设计一些习题或操作活动，帮助学生更好地掌握“图形的认识与度量”。如学习“三角形内角和”这一内容，在确定教学目标时注意到它对于学生认识定理与理解逻辑证明的作用的意义——是对后续学习命题与定理的一个渗透，也是对图形性质研究方法的学习。教学环节中能够根据学生的实际情况设计一些具有启发和引导作用的问题，帮助学生思考与理解	
三	基于一节课完整的课时目标、重难点及学生的情况考虑教学设计，不仅能运用教材提供的“图形的认识与度量”情境，而且能根据学生的情况和当地生活的一些特点，设计一些贴近学生生活的情境，让学生在具体实际情境中经历“图形的认识与度量”的探究过程，体会用到的数学方法与数学思想，同时能合理改编习题和设置问题并将其融于教学过程中。如“三角形内角和”的教学，教学目标中能涉及体会转化的数学思想和提高学生推理能力，教学设计中有针对三角形内角和定理证明的探究设计，并能适时设计思考与讨论问题帮助学生理解	
二	能确定“图形的认识与度量”教学内容具体课时的教学目标与重难点；能依据教材所给的例题内容与确定的重难点，对每个教学环节的内容进行整合设计，不一定按教材中每节课例题的顺序，设计出既能体现教学重难点又能帮助学生理解的问题进行讨论。如“三角形内角和”的教学，能以探究并理解三角形内角和定理的证明过程为教学目标，重难点是三角形内角和定理证明的探究与证明，并能将教材中的例题与习题合理地分布在整个教学过程中，教学中有针对学生理解知识而做的教学设计和讨论问题设计	
一	能够通过解读教材和相关的教学参考资料确定“图形的认识与度量”的教学目标，并初步确定教学的重难点；能设计简单的教学情境；在教学时，基本能够按照教材上的例题顺序及相关练习完成一节课的教学任务。如“三角形内角和”的教学，能以三角形内角和定理证明和推导为教学目标，重难点是三角形内角和定理证明，并能按照教材的内容与顺序完成三角形内角和定理证明，完成教材中的例题与习题	

【培训课程】

研修主题 14："图形的认识与度量"的教学设计			
编号	专题	内容要点	适用水平
5-3-1	"图形的认识与度量"的教学设计与实施（一）	介绍"图形的认识与度量"的教学组织方法、教学目标、学习要求、教学重难点的确定	一、二
5-3-2	"图形的认识与度量"的教学设计与实施（二）	介绍"图形的认识与度量"中的数学方法和数学思想、基本活动经验、习题设计，利用"图形的认识与度量"培养学生数学素养，有针对性地设计有效体现重点的教学策略和突破难点的教学方法，"图形的认识与度量"和现实世界的联系。利用"图形的认识与度量"培养学生推理能力和空间观念	三
5-3-3	"图形的认识与度量"的课例分析	选三节课，一节是图形的性质的内容，一节是图形的度量的内容，一节是图形的判定的内容，研讨"图形的认识与度量"的教学设计与策略	一、二、三
5-3-4	问题研讨：针对某一图形性质编制一套"图形的性质"习题	研讨如何编制恰当的题目帮助学生理解图形的性质，掌握性质的应用，并能有效地与已掌握知识相关联	一、二、三
5-3-5	问题研讨："三角形的认识"教学设计	研讨如何根据确定的重难点内容设计有逻辑顺序的教学环节；如何设计有针对性的问题帮助学生理解图形所蕴含的特征；如何根据不同学生的发展设计有层次的教学活动；如何根据问题的背景选择合适的方法发展学生的空间观念	一、二、三
5-3-6	同课异构：任选一个"图形的认识与度量"内容的主题	基于不同的教学设计，讨论对"图形的认识与度量"具体教学内容的本质理解和教学策略	一、二
5-3-7	教学反思："图形的认识与度量"的教学策略	分析自己一节有关"图形的认识与度量认识"的教学设计，反思自己对"图形的认识与度量"的教学理解与策略	一、二

续表

编号	专题	内容要点	适用水平
5-3-8	教学成果凝练：对“图形的认识与度量”教学经验总结	基于对“图形的认识与度量”的教学体验，指导教师整理出有借鉴价值的学科教学成果	四

（六）图形的位置与变换

1. 对“图形的位置与变换”内容的理解

【培训目标】

（1）理解《课程标准》对“图形的位置与变换”的整体要求，把握知识的主线；理解教材相关内容的表述及编写意图。

（2）理解图形的位置中蕴含的数形结合思想，数与长度的对应使得代数与几何有了统一的语言；理解图形的变换的等量关系，刚性变换的“距离”的唯一性与不变性。

【能力诊断】

水平	你最像下面哪一种？	自评（√）
四	掌握《课程标准》有关“图形的位置与变换”的具体要求；能够对不同版本的教材进行比较分析，从而深入了解这一类内容的呈现方式及与《课程标准》要求的一致性；理解“图形的位置与变换”内容中相关知识的数学本质，知道不同内容对培养学生几何直观及空间观念的作用，了解学生学习这类内容的问题与困惑；能够把握图形的位置确定前提是以参照物为标准，能够把握平面直角坐标系的本质是数与长度的对应，从而实现数与形的结合	
三	理解《课程标准》对“图形的位置与变换”学习内容的要求，如“了解”“理解”“掌握”“灵活运用”与学习水平的对应关系；能够构建图形的位置、图形的变换知识体系结构图，熟悉各知识点的本质及相互关系。如图形的全等变换与相似变换的特殊与一般的关系，平面直角坐标系所蕴含的数形结合的思想对学习“图形的位置与变换”及对高中阶段学习的基础性作用	

续表

水平	你最像下面哪一种？	自评（√）
二	能依据某一版本教材列出“图形的位置与变换”内容的组织结构，理解“图形的位置与变换”的定义及其在图形学习中的作用，如知道图形的平移、旋转、轴对称变换前后，两图形的形状、大小都不改变，只改变位置，这对理解图形全等、找对应边、对应角有帮助	
一	知道《课程标准》中提到“图形的位置与变换”的教学内容，了解初中图形变换的特征，如知道平移、旋转、轴对称等变换，知道变换过程中图形的形状和大小不变	

【培训课程】

研修主题 15：对“图形的位置与变换”内容的理解			
编号	专题	内容要点	适用水平
6-1-1	初中图形与几何领域内容的改革与发展	介绍我国初中数学图形与几何领域课程目标、课程内容的发展变化，及世界各国图形领域课程内容发展对我国的影响，特别是“图形的位置与变换”相关内容的发展	一、二、三、四
6-1-2	对“图形的位置与变换”内容体系的理解	对“图形的位置与变换”进行内容体系的梳理，整理知识点框架图。解读《课程标准》对“图形的变换”的具体要求及不同学段间的纵向联系。介绍“图形的位置与变换”内容的拓展，如费马与笛卡儿的工作、数轴与平面直角坐标系的发展历史	一、二、三、四
6-1-3	“图形的位置与变换”案例分析	结合教学经验，列举“图形的位置”或“图形的变换”相关的知识内容，通过比较不同版本的教材、查阅书籍资料等方式，挖掘此知识点的本质及与其他知识点的关系，进行交流	二、三、四

续表

编号	专题	内容要点	适用水平
6-1-4	问题研讨：数形结合思想在知识内容中的具体体现及教学策略	数形结合思想是支撑所有图形与坐标教学内容的“暗线”，教师需要通过讨论，熟悉数形结合思想在某一个知识点中的具体体现，了解教材如何将“暗线”变成“明线”，并在此基础上讨论如何在教学中渗透数形结合思想	一、二、三

2. 学生关于“图形位置与变换”的理解特征

【培训目标】

（1）了解学生学习“图形的位置与变换”内容的已有知识基础。

（2）了解学生对“图形的位置与变换”的抽象思维水平，能分析学生学习“图形的位置与变换”的困难及其原因。

（3）知道学生学习“图形的位置与变换”的典型错误及产生错误的原因。

【能力诊断】

水平	你最像下面哪一种？	自评（√）
四	知道小学阶段对“图形的运动与位置”的要求只是初步直观识别，没有严格定义。初中阶段要求按照公理体系严格定义图形的变换并研究其相关性质和判定方法。知道学生学习“图形的位置与变换”往往忽视画图，只是简单观察，还不善于用类比方法进行学习，把握不好以图形变换为条件的逻辑推导，主要是对于条件提炼不够清楚，对图形变换的性质使用模糊。能在教学中设计一些让学生动手画图的问题，帮助学生理解图形变换，在梳理图形变换的性质时，注意分析其作用及使用方法	
三	知道学生已经学习过的相关知识及掌握水平；能描述出学生在学习“图形的位置与变换”时容易出现的困难和典型错误。如学习平移时，知道学生已具备初步的画图能力，已掌握平行线的判定与性质，但对平移是否会改变图形的形状与大小不确定；学生对操作整个图形平移容易理解，但对于通过点的平移完成图形的平移的理解有一定的障碍，其原因是没有理解图形的平移是图形上每个点都向相同方向移动相同的距离	

续表

水平	你最像下面哪一种？	自评（√）
二	知道学生已经学习过的相关知识，了解学生对于图形变换只是直观识别；明确学生在学习“图形的位置与变换”知识时容易出现将图形的变换等同于直观识别的问题，忽视对图形变换的判断，对图形变换的性质掌握不全	
一	知道学生在小学阶段能初步识别图形的平移、旋转和轴对称，但没有严格的定义。对于学生学习图形变换会出现什么样的困难比较模糊，无法预测学生学习过程中可能出现的错误	

【培训课程】

研修主题 16：学生关于“图形的位置与变换”的理解特征			
编号	专题	内容要点	适用水平
6-2-1	与“图形的位置与变换”相关的数学学习心理	介绍学生数学学习的一般认知过程、特殊认知过程，学生数学思维及其规律，经典的几何学习研究，如范希尔的研究等，以及学生空间观念、几何直观的培养	一、二、三、四
6-2-2	学生学习“图形的位置与变换”的典型困难	结合自己的教学经验，交流学生学习“图形的位置与变换”的典型困难，分析困难的发现过程、产生原因及解决策略	一、二、三、四
6-2-3	问题讨论：如何进行“图形的位置与变换”的学情分析	结合自己的教学经验，交流为什么要进行学情分析、怎样做学情分析及学情分析的维度有哪些，针对具体的教学内容，设计学情分析的过程，并尝试实践	二、三、四
6-2-4	实践讨论与反思	列举自己教学中的案例，交流学生在学习“图形的位置与变换”相关知识中的困难，重点交流如何通过个别教学或辅导，帮助学生解决学习困难	一、二、三

3.“图形的位置与变换”的教学设计

【培训目标】

（1）能准确确定“图形的位置与变换”的单元与课时教学目标；能把握“图形的位置与变换”的重难点，设计合理的问题和教学环节，帮助学生理解“图形的位置与变换”的概念。

（2）能设计恰当的教学情境将这部分教学内容和现实世界联系起来，增强数学的现实意义，提高数学应用意识。

（3）能采用恰当的教学方法与策略组织“图形的位置与变换”的教学，能设计合理的练习促进学生知识与技能的掌握。

【能力诊断】

水平	你最像下面哪一种？	自评（√）
四	能根据《课程标准》、教材及学生学习情况，对“图形的位置与变换”内容某一单元的教学进行总体设计，能基于学生学习认知的特点来进行教学设计；教学情境贴近学生生活，教学方式有利于增进学生对数学本质的认识，有利于增强推理能力和应用意识，能够关注到知识关联；能独立设计一些习题或操作活动，帮助学生更好地建立空间观念	
三	能基于一节课具体的课时目标、重难点以及学生的情况考虑教学设计，不仅能运用教材提供的“图形的位置与变换”情境，而且能根据学生的情况和当地的实际生活开发一些贴近学生生活的情境和问题，让学生在真实情境中经历“图形的位置与变换”的探究过程，感受平移、旋转、轴对称变换是刚性变换	
二	能准确确定“图形的位置与变换”相关内容的具体课时的教学目标和重难点；能依据教材所给的例题、内容与确定的重难点，对每个教学环节的内容进行整合设计，能独立开发出既能体现教学重难点又能帮助学生理解的例题和习题	
一	能通过解读教材和相关的教学参考资料，确定“图形的位置与变换”相关内容的具体课时的教学目标；能按教材提供的例题顺序及相关练习完成一节课的教学任务	

【培训课程】

研修主题 17：“图形的位置与变换”的教学设计			
编号	专题	内容要点	适用水平
6-3-1	“图形的位置”教材编写及教学建议分析	选取几个版本的教材，对教材中“图形的位置”部分进行分析，同时对比分析教学参考书中对教学建议的要求	一、二、三、四
6-3-2	课例的教学设计分析	选取不同教师讲解的平面直角坐标系、轴对称图形、相似三角形等内容的录像课进行观摩和分析，对比不同教学突出重点、突破难点的教学策略	一、二、三
6-3-3	“图形的位置与变换”的教学策略	以“图形的位置与变换”某一个知识点为例，研讨适用于该类知识的教学策略和具体教学方法	一、二、三
6-3-4	同课异构：任选一个“图形的位置与变换”内容的主题	基于不同的教学设计，讨论对“图形的位置与变换”具体教学内容的本质理解和教学策略	一、二
6-3-5	问题研讨：如何通过几何作图引导学生学习图形的变换	结合自己的教学经验，针对某一个知识或某一系列知识，讨论交流可以设计哪些几何作图，使得学生经历图形变换的全过程，体会变换的本质特征	一、二、三
6-3-6	实践与反思：进行一次教学设计并实践，记录过程并反思	针对“图形的位置与变换”的某个内容，进行一次教学设计，并在实施后进行修改、再实施，记录整个教学研究过程并反思	一、二、三、四

（七）图形的证明

1. 对“图形的证明”内容的理解

【培训目标】

（1）理解《课程标准》对“图形的证明”的整体要求，把握知识的主线，理解教材相关内容的表述。

（2）掌握基本事实和定理，会用这些事实和定理进行证明。理解公理化思想。明确几何证明是培养学生逻辑推理能力的重要载体。

【能力诊断】

水平	你最像下面哪一种？	自评（√）
四	知道合情推理与演绎推理，清楚图形证明在学生学习过程中的作用，理解不同知识之间的逻辑关系	
三	能够在教学中熟练使用分析法和综合法引导学生证明，并能完整准确地书写证明过程；能够说明反证法的原理并能正确使用反证法	
二	理解证明的作用，明确9条基本事实，并能在此基础上推导相关的基本定理，会使用基本定理证明图形问题	
一	知道图形的证明方法有合情推理和演绎推理，会使用演绎推理进行证明，掌握图形的相关基本事实和定理	

【培训课程】

研修主题18：对“图形的证明”内容的理解			
编号	专题	内容要点	适用水平
7-1-1	“图形的证明”内容的理解	“图形的证明”的目标与要求、“图形的证明”的知识主线、教材内容表述形式与知识逻辑关系。“图形的证明”内容在教材中的编排体系，几何直观和演绎推理在图形证明中的作用与教育价值	一、二
7-1-2	“图形的证明”内容的拓展	归纳法、反证法、举反例、综合法、分析法等证明方法与演绎推理	三、四
7-1-3	初中数学教材“图形的证明”内容解读	对初中数学教材中出现的有关图形的相关结论的证明的编排进行解读，分析教材编排体系，探讨例题、习题中证明部分的教学作用	一、二
7-1-4	图形证明方法与演绎推理	针对初中“图形的证明”，对证明要求、分析方法、证明方法进行解读。逻辑推理能力的培养方法	一、二、三

续表

编号	专题	内容要点	适用水平
7-1-5	讨论交流："图形的证明"公理体系理解	讨论交流初中阶段"图形的证明"公理体系，明确9条基本事实，并能在此基础上推导相关的基本定理及逻辑关系	一、二、三、四

2. 学生关于"图形的证明"的理解特征

【培训目标】

（1）了解学生对"图形的证明"内容的已有知识基础。

（2）了解学生对"图形的证明"的逻辑思维水平，能分析学生在学习"图形的证明"过程中的困难及其原因。

（3）知道学生学习"图形的证明"的典型错误及产生错误的原因。

【能力诊断】

水平	你最像下面哪一种？	自评（√）
四	知道学生在学习9条基本事实时，常忽视基本事实的条件限制，对基本事实和相关定理的使用常出现条件堆积或过剩，存在忽视条件直接下结论或使用特殊条件推导一般结论的错误，以及对于证明问题不知从何入手等学习困难，其原因是受思维水平的影响，没有理解图形的公理体系	
三	清楚学生在学习9条基本事实时，对于其中存在性和唯一性的理解有困难，不易理解有些显而易见的结论作为定理还需要证明	
二	清楚学生在使用每一条基本事实时容易出现的问题；清楚学生对于一些基本定理的使用常出现削弱条件或增加结论，或用甲定理的条件得出乙定理的结论的典型错误，使用过程中出现逻辑混乱的情况	
一	知道学生比较容易接受9条基本事实的结论，但不习惯其叙述方式；对于相关定理在使用时不注意题设的完整性，易出现使用不准确的问题	

【培训课程】

研修主题 19：学生关于“图形的证明”的理解特征			
编号	专题	内容要点	适用水平
7–2–1	与“图形的证明”学习相关的数学学习心理	介绍学生应具有的图形知识储备，学生在图形分类、图形性质推导及图形位置探究中存在的主要问题，学生学习“图形的证明”的思维特征，学生推理学习的困难与解决策略	一、二
7–2–2	图形证明关系的学情分析	分析学生已有的“图形的证明”知识，学生常用的学习方式，学生学习“图形的证明”的具体困难、成因及典型错误	一、二、三
7–2–3	学生在“图形的证明”学习中的问题	通过对中考及日常测试的评价研究，科学刻画学生在“图形的证明”学习中的认知难点，有效改进日常的教学	二、三、
7–2–4	讨论交流：如何根据学生“图形的证明”相关知识的学习困难进行个别辅导及补救教学	列举自己教学中的案例，交流学生在“图形的证明”相关知识学习中的学习困难，重点交流如何通过个别教学或辅导，帮助学生解决学习困难	一、二、三

3.“图形的证明”的教学设计

【培训目标】

（1）能合理确定“图形的证明”的单元与课时教学目标，把握“图形的证明”的重难点，设计合理的教学环节及问题，帮助学生感悟图形证明的意义。

（2）能设计合理的教学情境帮助学生理解“图形的证明”的本质，准确把握学生学习图形的几何证明的不同阶段的不同特征，培养学生的逻辑推理能力与空间观念。

（3）能采用恰当的教学方法与策略组织“图形的证明”教学，能设计合理的练习促进学生知识与技能的掌握。

【能力诊断】

水平	你最像下面哪一种？	自评（√）
四	能根据教学内容和具体学情设计完整而有效的教学方案。在教学设计中能充分考虑到对学生推理能力的培养，能够改编、命制具有一定开放性和探究性的图形证明的题目或综合问题	
三	能确定教学重点，并经过分析确定教学难点；在教学设计中能结合学生的学习图形证明的特点和困惑，选择恰当的教学策略，并针对不同层次的学生编排有针对性的练习。在教学过程中，能够根据学生出现的问题及时调整教学策略	
二	能正确确定教学目标，并根据当堂所要学习的基本事实或定理设计有针对性的问题，帮助学生理解基本事实和定理。能合理编排练习，指导学生掌握基本事实和定理的使用方法和应用	
一	能初步解释基本事实的含义，分析定理的题设与结论；能够正确使用定理证明教材中的问题	

【培训课程】

研修主题 20：“图形的证明”的教学设计			
编号	专题	内容要点	适用水平
7-3-1	“图形的证明”的教学设计与实施	“图形的证明”的学习要求、教学目标、教学重难点的确定和教学方法的选用，“图形的证明”中的数学方法和数学思想、基本活动经验、习题的合理设计，利用“图形的证明”培养学生数学素养	一、二
7-3-2	“图形的证明”课例分析	选三节课，一节是平行线的判定的内容，一节是三角形全等的判定的内容，一节是三角形中位线，研讨“图形的证明”的教学设计与策略	一、二、三

续表

编号	专题	内容要点	适用水平
7-3-3	问题研讨：“图形的证明”内容的评价	编制恰当的题目帮助学生理解“图形的证明”，掌握图形证明的方法，并能恰当地选择证明的方法	一、二、三
7-3-4	问题研讨：“三角形全等”的教学设计	研讨如何根据确定的重难点内容设计有逻辑顺序的教学环节，如何设计有针对性的问题帮助学生理解“图形的证明”，如何根据不同学生的发展设计有层次的教学活动，如何根据问题的背景选择合适的方法，发展学生的推理能力	一、二、三
7-3-5	同课异构：任选一个“图形的证明”内容的主题	基于不同的教学设计，讨论“图形的证明”具体教学内容的本质和教学策略	一、二
7-3-6	“图形的证明”的教学策略	分析自己的一节有关“图形的证明”的教学设计，反思自己对“图形的证明”的教学理解与策略	一、二

（八）数据收集、整理与表达

1. 对“数据收集、整理与表达”内容的理解

【培训目标】

（1）理解《课程标准》对“抽样与数据分析”的整体要求，把握知识的主线。知道该主题在不同阶段的具体课程内容，理解教材相关内容的表述及编写意图。

（2）理解数据具有明确的现实背景和随机性，大量数据中蕴含着一定的规律。理解抽样的必要性和抽样正确性的含义，掌握统计抽样方法。认识数据整理的作用，会根据问题需要选择恰当的统计量或统计图整理、表达数据，会根据计算结果对现实问题做出合理的判断和预测，具有数据分析观念。

【能力诊断】

水平	你最像下面哪一种？	自评（√）
四	能结合教材中的“数据收集、整理与表达”内容，理解在现实生活中有许多问题应当先做调查研究，收集数据，再通过分析做出判断；对于同样的数据可以有多种分析的方法，需要根据问题的背景选择合适的方法；理解以数据作为主要研究对象的统计内容与我们的现实生活息息相关，统计学对结果的判断标准是“好坏”，而不是“对错”；统计不只是一种方法和技术，还含有人们对周围世界的看法，建立数据分析观念是一位公民不可缺少的数学学科核心素养	
三	能结合教材的具体内容解释数据的随机性，如能理解实际问题中平均数、众数、方差等统计量的意义，并结合这些做出合理的判断和预测	
二	能根据某一版本教材列出统计内容的组织结构，理解这样编排的逻辑；能依据相关的教学参考资料对教材所编排的具体课时内容进行分析解释，对核心概念的解释不限于教材给出的定义；能基于概念的本质给出说明，进而准确区分不同的统计量和统计图。例如，对于平均数，能说明平均数作为一个统计量，不一定是实际存在的数，而是对实际数据的统计处理结果，表现了一组数据的平均水平	
一	知道《课程标准》有关“抽样与数据分析”的表述，了解教材中的统计内容有哪些，如了解数据蕴含信息、样本的随机性、数据分析观念	

【培训课程】

研修主题21：对初中相关的统计内容的理解			
编号	专题	内容要点	适用水平
8-1-1	统计学的产生和发展	介绍统计学简史，包括统计实践史、统计学说史、统计学的产生和发展；了解统计学家，如德国的阿亨瓦尔、英国的格朗特、高尔顿等；了解古典记录统计学、近代描述统计学、现代推断统计学的内容；了解统计学在中国的传播	一、二、三、四

续表

编号	专题	内容要点	适用水平
8-1-2	数据统计的基本原理及方法	主要介绍数据的收集、整理、描述、判断、预测的基本原理及常用的方法；了解统计学中一些基本概念的含义，包括总体、样本、同质、变异、参数、统计量、误差、概率、变量及变量值	一、二、三、四
8-1-3	对初中数学教材中统计内容的解读	解析初中数学教材中出现的有关统计的概念，如平均数、中位数、众数、方差、极差、统计表、统计图	一、二
8-1-4	数据分析观念的内涵以及基本要求	理解“数据分析观念”的内涵，理解数据分析观念在统计内容学习过程中的教育价值	一、二
8-1-5	初中阶段简单数据统计过程分析	统计是一个包括数据的收集、整理、描述和分析（包括概率）的完整过程。初中阶段的统计内容反映了这个完整的过程，首先是数据的收集，然后是对收集到的数据进行整理和描述，最后是对数据进行分析。在具体内容的教学中也应突出统计的基本过程，让学生经历收集数据、整理数据、描述数据、分析数据得出结论、利用结论进行合理预测和判断的统计过程	一、二、三
8-1-6	初中阶段常用的数据分析方法	讨论交流初中阶段常用的数据分析方法，初中阶段的统计包括数据的收集、整理、描述和分析的完整过程，这个过程中的每一步都包含着多种方法。例如，收集数据可以利用抽样调查，也可以进行全面调查；在描述数据中，可以用条形图、扇形图、直方图、折线图等各种统计图描述数据；在分析数据中可以分析数据的集中趋势和离散程度，可以利用平均量分析数据的集中趋势，也可以利用方差等统计量分析数据的离散程度等	一、二

2. “数据收集、整理与表达”的教学设计

【培训课程】

（1）能根据《课程标准》和教材合理地确定“数据收集、整理与表达”的教学目标，教学设计能够实现知识技能、数学思考、问题解决与情感态度方面的课程目标，体现统计教学的特点。

（2）能设计恰当的教学情境，使用多种教学策略和灵活的教学方法帮助学生理解数据的特点，建立数据分析观念。

（3）能通过恰当的方法评价学生数据收集、整理与表达的过程和结果，利用评价结果改进学生学习，调整教学策略。

【能力诊断】

水平	你最像下面哪一种？	自评（√）
四	能根据《课程标准》、教材及学生学习情况，对统计内容某一单元的教学进行统整设计，可能会打破教材单元安排的顺序结构；能基于学生学习认知的特点来进行教学设计；教学方式和教学策略的选择既能激发学生学习兴趣，促进学生积极思考，又能体现出学生学习的个性化特点；所选用的习题不局限于教材，能独立设计一些习题或操作活动，帮助学生更好地建立数据分析观念	
三	能基于具体的课时目标、重难点以及学生的情况考虑教学设计，不仅能运用教材提供的数据收集、整理与分析情境，而且能根据学生的情况和当地实际生活设计一些贴近学生生活的情境，让学生在具体情境中经历收集数据、整理数据、描述数据和分析数据的过程，体会需要根据问题的背景选择合适的统计方法	
二	能准确确定“数据收集、整理与表达”教学内容具体课时的教学目标与重难点；能依据教材所给的例题内容与确定的重难点对每个教学环节的内容进行整合设计；不一定按教材中每节课例题的顺序，合理设计问题，既能体现教学重难点又能帮助学生理解	
一	能通过解读教材和相关的教学参考资料，确定“数据收集、整理与表达”相关内容具体课时的教学目标；能按教材提供的例题顺序及相关练习完成一节课的教学任务	

【培训课程】

研修主题 22：“数据收集、整理与表达”的教学设计			
编号	专题	内容要点	适用水平
8-2-1	《课程标准》解读：初中统计内容	分析和讨论《课程标准》中有关统计内容的教学设计和案例	一、二
8-2-2	初中统计内容的教学建议	提出关于初中阶段的统计内容的教学建议	一、二
8-2-3	初中统计内容的课例分析	选三节课，一节是数据的收集，一节是数据的整理，一节是数据的描述和分析，研讨初中阶段统计内容的教学设计与教学策略	一、二、三
8-2-4	问题研讨：不同年级“简单数据统计过程”内容检测试题编制	研讨如何编制恰当的题目，测量学生对“数据收集、整理与表达”的学习效果	一、二、三
8-2-5	“数据的收集与整理”的教学设计	根据“数据的收集与整理”的重难点设计有逻辑顺序的教学环节；设计有针对性的问题帮助学生理解数据所蕴含的信息及数据的随机性；根据不同学生的发展设计具有层次性的教学活动；根据问题的背景选择合适的方法，发展学生的数据分析观念	一、二、三
8-2-6	同课异构：任选一个统计内容的主题	基于不同的教学设计，讨论对“数据收集、整理与表达”具体教学内容的本质理解和教学策略	一、二
8-2-7	教学反思：统计内容的教学策略	分析自己的一节有关统计内容的教学设计，反思自己对统计内容的教学理解与策略	一、二

（九）可能性与概率

1. 对“可能性与概率”内容的理解

【培训目标】

（1）理解《课程标准》对“事件的概率”的整体要求，把握知识的主线；知道该主题在不同阶段的具体课程内容，理解教材相关内容的表述及编写意图。

（2）理解频率和概率的关系，熟练利用列举法计算简单事件发生的概率；理解古典概型，了解几何概型；能通过事件发生的概率进行预测和决策，具有随机思想。

【能力诊断】

水平	你最像下面哪一种描述？	自评（√）
四	能结合教材中“可能性与概率”的内容，理解在现实生活中“数据的随机性”与“可能性大小是可以度量”的含义；理解数据的规律性，树立随机性是可以推断的意识，进而理解用样本估计总体的思想；能根据统计结果做出合理的判断	
三	理解概率的取值范围的意义，能解释模拟试验的必要性；能通过事件发生的概率对事件进行预测，如机会的均等问题	
二	能根据某一版本教材列出概率内容编排结构，理解这样编排的逻辑；能依据相关的教学参考资料对教材所编排的具体课时内容进行分析解释，如在具体情境中了解概率的意义，体会概率是描述不确定现象的规律的数学模型，知道在相同条件下大量重复试验的频率可作为事件发生的概率的估计值，熟练利用列举法计算简单事件发生的概率，理解古典概型，了解几何概型	
一	知道《课程标准》对“事件的概率”内容的表述，了解教材中相关的内容有哪些。例如，了解数据的随机性，知道许多事件发生的可能性大小是可以度量的，建立随机思想	

【培训课程】

研修主题 23：对初中相关的概率内容的理解			
编号	专题	内容要点	适用水平
9-1-1	概率的产生和发展	介绍概率的起源和历史，包括思想方法的产生与发展、概率内容的教育价值	一、二、三、四
9-1-2	概率论的基本概念	了解概率论的基本概念，包括随机试验、样本空间和样本点、随机事件（基本事件、复杂事件、必然事件、不可能事件）等相关内容	一、二、三、四
9-1-3	“可能性与概率”的内涵及基本要求	了解“可能性与概率”的内涵与各学段教学要求，对初中数学中出现的有关概率的概念进行解读，如确定事件与不确定事件、频率与概率、数据的随机性、抽样的合理性	一、二
9-1-4	概率与频率	理解统计和概率之间的关系，理解概率与频率之间的联系	一、二、三
9-1-5	随机思想的培养	理解随机现象，理解“随机思想”，讨论如何培养学生的随机思想	一、二

2.“可能性与概率”的教学设计

【培训目标】

（1）能设计合理的“事件的概率”相关内容的教学目标，教学设计能够实现知识技能、数学思考、问题解决与情感态度的课程目标，体现概率内容的本质。

（2）能设计合理的教学情境，采用恰当的教学策略组织概率定义的理解与推断的教学，帮助学生理解频率与概率的关系，体会利用概率预测事件的思想，进一步帮助学生树立良好的随机观念，增强应用意识和能力。

（3）能采用恰当的方法评价学生学习概率定义的理解与推断的过程与结果，利用评价结果改进学生学习，调整教师教学策略。

【能力诊断】

水平	你最像下面哪一种？	自评（√）
四	能根据《课程标准》、教材及学生学习情况，对某一单元的教学进行统整设计，可能会打破教材单元安排的顺序结构；能基于学生学习认知的特点来进行教学设计；教学方式和教学策略的选择除了激发学生学习兴趣，促进学生积极思考，还要体现出学生学习的个性化特点；所选用的习题不局限于教材，能独立设计一些习题或操作活动，帮助学生更好地建立随机思想	
三	在进行教学设计时能引导学生在具体情境中建构“可能性大小”的原始经验，并进行猜想和验证事件的概率。不仅关注实验的结果，更关注实验的过程，使学生经历猜测、试验、观察等学习过程，积累活动经验	
二	能准确确定“可能性与概率”教学内容具体课时的重难点；能依据教材所给的例题、内容与确定的重难点，对每个教学环节的内容进行整合设计，不一定按教材中每节课例题的顺序；能设计出既体现教学重难点又帮助学生理解的问题进行讨论	
一	能通过解读教材和相关的教学参考资料，确定“可能性与概率”相关内容具体课时的教学目标；能按教材提供的例题顺序及相关练习完成一节课的教学任务	

【培训课程】

研修主题 24：“可能性与概率”的教学设计			
编号	专题	内容要点	适用水平
9-2-1	《课程标准》解读：初中“可能性与概率”内容	对《课程标准》有关“可能性与概率”内容的核心概念、课程内容设计、所举案例进行解读	一、二
9-2-2	初中“可能性与概率”内容教学建议	从统计与概率角度分析初中数学关于“可能性与概率”内容的教学建议	一、二

续表

编号	专题	内容要点	适用水平
9–2–3	利用信息技术处理数据	选两节课，一节是利用计算器处理数据，另一节是利用计算机处理数据，研讨初中阶段利用计算器进行数据分析的教学设计与策略	一、二
9–2–4	问题研讨："可能性与概率"教学中的实验问题	讨论如何理性处理学生试验、游戏活动和理论分析的矛盾，主要讨论数学课堂教学中常见的几种试验（摸球、抛硬币等）及其他游戏活动的特点和存在的问题	一、二、三
9–2–5	学生学习"可能性与概率"内容的常见错误分析	梳理学生学习随机现象及可能性相关内容的常见错误，分析出现错误的原因，探讨有效的教学对策	一、二、三
9–2–6	同课异构：任选一个"可能性与概率"内容的主题	基于不同的教学设计，讨论对概率具体教学内容的本质理解和教学策略	一、二
9–2–7	教学反思："可能性与概率"的教学设计	分析自己一节有关"可能性与概率"的教学设计，反思自己对"可能性与概率"的教学理解与策略	一、二

（十）综合与实践

"综合与实践"主题的教学设计

【培训目标】

（1）观察实际生产、生活中的现象，积累适合初中数学教学的实践资料，能够在这些现实情境中发现问题、提出问题、分析问题并解决问题。在获得数学结果后能够回到现实背景中解释结果、评估模型、反思模型的局限性并做进一步改进。

（2）掌握数学内容在知识、问题和方法上的联系，能够综合运用"数与代数""图形与几何""统计与概率"领域里的知识和方法解决数学问题。

（3）能设计恰当的情境（既与所学数学知识关联，又与其他学科建立联系），解决具体情境中产生的问题，并指导学生交流反思结果与现实的关系，逐步渗透模型思想。

（4）能运用表现性评价对学生的学习情况进行评估。能结合实际情境体验发现和提出问题、分析和解决问题的过程，反思结果与现实背景的关系。

【能力诊断】

水平	你最像下面哪一种？	自评（√）
四	能依据《课程标准》、教材及学生学习情况，鼓励学生从现实生活中寻找研究的主题，并综合运用“数与代数”“图形与几何”“统计与概率”的知识，进行实践活动；能够引导学生用数学的眼光去发现问题、提出问题，用数学思维和方法分析问题和解决问题；在教学中引导学生根据所研究的问题建立数学模型，反思参与活动的过程，将研究的过程和结果形成报告或小论文，并进行交流，进一步获得数学活动经验，促进学生应用意识、创新意识和数学建模思想的发展	
三	能从日常教学中挖掘适合学生特点的、可行的主题；激发学生的问题意识和对实践活动的兴趣，鼓励他们在自己所处的自然环境中收集资料，在实践中学习，学会合作交流，注重知识的整合。例如，结合“一元一次方程的应用”内容，设计商场打折销售方面的研究主题，让学生亲自走向商场、超市搜集数据，与营业员交流，理解打折的真正含义及商家采用打折销售的目的	
二	能结合教材中的案例，设计合理的主题活动方案；能设计出既体现教学重难点又帮助学生理解的问题进行讨论研究；能对活动中遇到的问题进行指导，鼓励学生积极参与实践活动，积累综合运用数学知识、技能和方法等解决简单问题的数学活动经验，使学生体会不同领域间数学知识的内在联系	
一	能分析教材提供的“综合与实践”教学案例，确定“综合与实践”的主题；结合学情，在课堂教学中，通过讲解分析，引导学生在大脑中模拟现实场景，根据虚拟的场景提出问题，并在教学中对所学内容进行梳理，明确解决此问题所运用的主要数学理论知识	

【培训课程】

研修主题 25：“综合与实践”主题的教学设计			
编号	专题	内容要点	适用水平
10-1-1	《课程标准》解读：初中“综合与实践”内容	对《课程标准》有关“综合与实践”内容的课程目标、课程内容设计、所举案例、课程实施进行解读，分析第三学段“综合与实践”教材内容	一、二
10-1-2	国外关于“综合与实践”的教学研究	介绍国外关于“综合与实践”内容的历史发展、教学模式及教学研究	一、二、三
10-1-3	课例研究：“综合与实践”设计与评价	选择 2~3 个主题，基于学生及生活环境特点开发“综合与实践”活动案例，设计相应的评价方案，分析与展示典型案例	一、二
10-1-4	同课异构：“综合与实践”主题的选择与设计	确定一个研究主题，基于不同的教学设计，讨论“综合与实践”内容的教学策略	一、二
10-1-5	教学反思：“综合与实践”的教学设计与资源开发案例分析	反思自己“综合与实践”的教学设计和资源开发中存在的问题及相应的对策，反思自己对“综合与实践”内容的教学情况，并提出有效的改进措施	一、二

第三部分
实施建议

《指导标准》体现国家对义务教育数学学科教师培训的导向和要求，强化培训工作的专业性，提升培训的针对性和实效性。各级教育行政部门、教师培训机构、中小学校要按照《指导标准》要求，组织实施国家级、省级、地（市）级、县（区）级及校本的教师培训项目，指导教师制定符合个人实际的专业发展规划，不断提升教师教育教学能力，促进教师专业成长和终身发展。

一、明确各方职责分工

各级教育行政部门要把《指导标准》作为教师培训的规范性与指导性文件，制订教师培训的相关政策和要求，监督和指导教师培训机构、中小学校有效开展教师培训，不断提升教师培训质量。教师培训机构要依据《指导标准》，优化设计教师培训项目和方案，具体组织实施相关培训。中小学校要根据《指导标准》，结合本校不同层次教师的发展需求，开展对接教师需求、培训主题鲜明的校本研修。中小学教师要按照《指导标准》的培训目标（发展目标），进行教学能力自我诊断，选择合适的培训课程，加强所学课程内容和培训成果转化，强化在中小学数学教学实践中的应用，促进自身的专业发展。

二、科学制订培训方案

各地、各教师培训机构要依据《指导标准》，结合本地教师专业发展规划，在需求调查和能力诊断的基础上，研究制定满足相应水平层次教师发展需求的培训方案。提高教师培训工作的管理水平，合理确定教师培训方式，系统设计教师培训内容，注重教师培训的系统设计和前后衔接，实行学分制管理，建立“学分银行”和教师成长数据库，过程性记录教师参训学习质量，提升信息化管理水平，对教师基本情况、培训档案、训后跟踪评价等数据进行动态维护，促进中小学数学教师教学能力不断提升与持续发展。

三、组建培训师资团队

各地、各教师培训机构要依据《指导标准》，对接教师培训主题及专题设置需要，组建具备高水平、结构优化的培训师资团队，实行首席专家制。培训团队应由中小学数学教学（研究）经验丰富的高校教师、教研员和一线优秀教师组成，其中外省市专家原则上不少于30%，教学能力表现为四级水平的一线优秀教师、教研员原则上不少于50%。首席专家应由具备丰富培训经验，且具备一定的数据处理与分析、能力诊断与归因、培训设计与实施能力的专家或一线名优骨干教师担任。要加强培训师资团队建设和培训，设置专门的培训者或培训专家研修项目，不断提升师资团队的理论研究、课程建设、资源开发和组织管理的整体水平。

四、开发能力诊断工具

各地、各教师培训机构要对照《指导标准》，设计、开发适合本地中小学数学教师情况的教学能力诊断工具，建立能力诊断试题库，采取参训教师自测为主与培训机构组织他测相结合的方式，开展教师教学能力诊断，准确掌握参训教师培训需求，为设计与实施有针对性的培训课程提供依据。教师培训机构、中小学校要创新教师能力诊断方式，通过观察分析课堂教学现场或实录，发现教师教学中存在的具体问题，准确判断教师培训需求。中小学教师要按照“能力表现级差表”和能力诊断工具，对照检查、自我测评，判断自己的教学能力现状，选择适合的培训课程，自主参加培训。通过教学能力自我诊断表、教学能力诊断试题、教学案例分析、教学设计、课堂教学实践表现、教学实践研究与改进评价等多种途径，掌握培训目标的达成情况。

五、建设优质课程资源

各地、各教师培训机构要根据《指导标准》确定的培训目标，围绕培训主题和专题内容，为教师选择或开发适切的课程资源。根据教师各项教学能力表现水平，为其提供教学课件、讲课提纲、任务设计等系统化的培训课程资源，为教师专业学习和持续发展提供有效支持。充分发挥教学能力诊断的功能，基于各培训目标对应的不同教学能力表现水平，研究、开发与使用培训课程资源。注重参训教师培训成果总结和提炼，发掘整理培训过程中的生成性成果，加强教师与教师之间、培训师资团队与教师之间的分享交流。

六、强化培训效果评价

各地、各培训机构要采用定性评价与定量评价、教师评价与专家评价、即时评价与后续评价、阶段性评价与整体评价、自评与他评相结合的多元评价方式，对培训效果进行全面评价，切实加强培训效果评估的系统性和科学性。各培训机构要从培训设计、培训内容、培训方式、培训师资、培训资源、培训组织等方面，设计“培训满意度评价表”；要设计评价工具，对教师的现场表现、培训成果、教学实践改进等方面的实际效果进行科学评价。培训效果评价要关注教师的教学知识提升、教学认识与观念转变、教学行为转化。采用多种形式对教师训后的发展情况进行跟踪回访，对教师的教学改进和变化效果进行评价，并组织专家进一步指导改进。